Capricornio

Helene Kinauer Saltarini
con la colaboración de Chiara Bertrand

Capricornio

dve
PUBLISHING

El editor agradece a Rudy Stauder, director de Astra, su valiosa colaboración.

Traducción de Maria Àngels Pujol i Foyo.

Diseño gráfico de la cubierta de © YES.

Fotografía de la cubierta de © Andy Zito/Getty Images.

Índice

Introducción

Cuando me pidieron sobre cuál de los doce signos deseaba escribir me encontré con algunos problemas. Se preguntará quizás el porqué puesto que normalmente todos tenemos algún signo zodiacal preferido. La respuesta es que me parecía hacer un feo a los no elegidos, puesto que para mí no existe un signo mejor que otro: todos tienen defectos y virtudes.

De hecho, en la creación todo está sometido a la ley de la dualidad: el principio masculino y femenino, el Sol y la Luna, la luz y las tinieblas, el día y la noche. La dualidad encierra en sí misma un gran equilibrio cuyo secreto no es la oposición entre los dos principios como se podría creer fácilmente, sino su complementariedad. Sólo cuando conseguimos unir a los aparentes contrarios crearemos armonía y comprenderemos la esencia velada de las cosas. Por lo tanto, cada signo tiene posibilidades de armonizar con todo y con todos. Finalmente, como tenía que decidirme, escogí el signo de Capricornio no sólo porque yo nací bajo este signo, sino porque me gustaría corregir algunos falsos prejuicios que existen respecto a sus características.

Al Capricornio se le atribuye a menudo mucho materialismo, se dice que es un signo de Tierra y que es árido, con poco empuje, incrédulo ante todo lo que no es tangible. Y no es raro que alguien exclame: «Entiendo lo difícil que puede ser vivir con una pareja Capricornio». Pero me rebelo ante estas afirmaciones y pienso que muchos de ustedes estarán de acuerdo conmigo. Este crudo análisis pertenece a concepciones de la vieja astrología, la moderna, estrechamente relacionada con la psicología, ve al nativo de Capricornio de forma muy distinta.

Tampoco podemos olvidar que en un cuidadoso análisis para determinar la personalidad de una persona no podemos basarnos exclusivamente en la posición del Sol, es decir únicamente en el signo zodiacal de nacimiento, sino que se debe tener en cuenta también el ascendente, la posición de los demás planetas en la carta, los aspectos que estos forman entre ellos y, sobre todo, la combinación de los elementos: Fuego, Tierra, Aire y Agua.

Conozco a muchos nativos de Capricornio que ejercen la profesión de astrólogo, de psicólogo o, como mínimo, una actividad relacionada con las relaciones humanas y con la introspección. También es verdad que entre los Capricornio nos encontramos a políticos, industriales, comerciantes o escépticos de forma particular en relación con la astrología, pero creo que esto no será una prerrogativa única de este signo. En cada uno de nosotros, de hecho, tenemos un componente material y uno espiritual e independientemente del signo de pertenencia, nos corresponde escoger cual de las dos vías seguiremos. Cada persona tiene que saber encontrar la luz entre las tinieblas a través de las propias experiencias.

Un Capricornio que ha sabido realizarse tiene un gran sentido del humor y es muy humano; su deseo de bienestar no está motivado por la posesión del dinero en cuanto tal, sino por el hecho de poder cubrir con holgura las necesidades de las personas que ama y hacia las cuales tiene responsabilidades.

Espero que todos los nativos de Capricornio consigan ser, en cada momento de la vida, plenamente ellos mismos.

HELENE KINAUER SALTARINI

10

Primera parte

... DEDICADO A TODOS LOS CAPRICORNIO

por *Helene Kinauer Saltarini*

Mitología y simbolismo

La mitología de Capricornio es muy compleja y revela la dualidad que se encuentra en todas las cosas. A Capricornio se le atribuye el dios Pan y, en uno de los muchos mitos que se refieren a él, se cuenta que mientras Pan permanecía tranquilamente sentado a orillas del Nilo, Tifón intentaba raptarlo. Esto último simboliza la naturaleza inferior, el demonio que es siempre un ángel maligno, exactamente como Lucifer que era, antes de su traición, el ángel preferido de Dios. Para huir de Tifón, Pan buscó refugio en el río Nilo, convirtiéndose de esta forma en un anfibio: mitad delfín, mitad cabra. En la antigua iconografía egipcia Capricornio era representado por un pez-cabra.

Capricornio expresa por lo tanto la lucha entre el bien y el mal; de hecho, si supera su naturaleza inferior se convierte en el mítico Unicornio. Este dualismo se encuentra no sólo en los mitos sino también en muchas religiones. Los romanos, por ejemplo, adoraban al dios Jano que tiene dos caras, una que mira al pasado y la otra al futuro. Este dios tenía su fiesta en el mes de enero que es precisamente el mes de Capricornio. Jano tiene una llave en la mano derecha para abrir simbólicamente la puerta al año nuevo, mientras que en la izquierda sostiene una guadaña para segar el tiempo. El simbolismo de la guadaña está muy relacionado con este signo por medio de su planeta dominante Saturno que representa por excelencia lo viejo, el tiempo.

El mito de Cronos, o Saturno, nos cuenta que su madre, Gea, estaba casada con Urano (en astrología el segundo planeta dominante de Capricornio), que estaba muy celoso de ella, y del amor por sus hijos, los Titanes, y por esa razón los lanzó al Tártaro; sólo el más pequeño, Saturno, se salvó.

Cuando llegó a la edad adulta, Cronos, en complot con su madre, le arrebató a su padre la virilidad; de las gotas de la sangre derramada nacieron las terribles Erinias. De esta forma Saturno se convirtió en el amo del cielo, pero su madre le advirtió que debía prestar atención; le esperaba el mismo destino que a su padre, es decir, perder el poder y morir a manos de su hijo. Para evitar que la predicción se cumpliera, Saturno decidió comerse a los hijos que tuviera con su mujer Rea, conforme fueran naciendo (simbólicamente este acto significa que el tiempo se desvanece en la nada, se borra a través de las agujas del reloj). Pero la diosa no quería perder a todos sus hijos y, desesperada, engañó a Cronos dándole una piedra envuelta en un trapo en lugar de su último recién nacido. De esta forma se salvó Júpiter, al que su madre escondió en una gruta en Creta donde la cabra Amaltea cuidó de él.

A continuación viene el mito de Hércules que explica su descenso a los Infiernos para liberar a Teseo de sus sufrimientos. Teseo, encadenado, estaba sometido a indescriptibles sufrimientos porque había intentado raptar a Perséfone. Una vez terminado su trabajo, Hércules devolvió la luz a la tierra.

Este camino de las tinieblas hacia la luz se asocia con la *montaña sagrada* con la que se identifica Capricornio, que asciende de las profundidades de las aguas hasta lo más alto de la montaña, donde se sumerge en la luz divina. Simbólicamente, Capricornio representa el duro trabajo que se tiene que realizar sobre sí mismo, superando el apego a la materia y volviéndose consciente de la propia parte divina.

En el glifo de Capricornio ♑, además, vemos unidas la parte superior de una cabra y la inferior de un delfín; esto simboliza también el tiempo. De hecho, la cabeza de la cabra se corresponde con el mediodía de la tierra, la hora en la que el Sol se encuentra en el punto más alto del cielo, mientras la cola del delfín se corresponde con la medianoche. Capricornio camina con mucho trabajo, y sobre todo muy lentamente, hacia la cima del mediodía terrestre; la medianoche del cielo hace referencia simbólicamente a los valores interiores, a la ascensión espiritual.

Según la escritura jeroglífica egipcia, la palabra cabra está compuesta por los mismos signos que la palabra vida; a partir de esto se comprende claramente la diversidad de las tradiciones entre oriente y occidente.

En el mito occidental Saturno representa, además del tiempo del hombre, también la muerte, mientras en Oriente se relaciona con la vida. Quizás esto deriva del hecho que en Oriente no se acepta la muerte física como un fin, sino que se considera como un momento de pasaje hacia otros niveles.

El jeroglífico de la palabra cabra era similar a la cara de un hombre, significando de esta forma *cara de cabra*. La conexión que hay entre Capricornio y el simbolismo de *cara de cabra* y de *vida eterna* se encuentra en estrecha analogía con el concepto de reencarnación, del cual el signo es el símbolo.

El griego Porfirio, en su obra sobre la gruta de las ninfas, escrita hacia el 300 d. de C., afirma que las almas llegan sobre la tierra a través de la *puerta de la humanidad*, situada en el signo de Cáncer (y realmente este signo dominado por la Luna influye particularmente en los nacimientos), y que después de su existencia vuelven al cielo atravesando la *puerta de los Dioses*, situada en el signo opuesto, es decir en Capricornio.

De esta forma, el signo de Capricornio simboliza en todas las leyendas y los mitos la ascensión del ser de las profundidades del agua hasta la cumbre de la montaña. El delfín avanza desde los abismos hasta la tierra y aquí se transforma en Capricornio que al principio se representó únicamente con la cola de pescado y sólo a continuación se convirtió en la cabra de la montaña. Esta interpretación se relaciona con la idea de que la vida viene del mar, de las aguas primeras, comparables con las aguas amnióticas en las que se desarrolla el feto.

Una de las primeras representaciones del signo se encuentra en los hallazgos arqueológicos babilonios. El zodiaco babilonio está compuesto por 18 constelaciones, entre las que se encuentra una llamada *suhar mas*, es decir, «cabra-pez», que está relacionada con Ea, que significa «el antílope del océano subterráneo», llamada también *kusarillu* o «el pez carnero».

Dominadora de los océanos, la diosa Ea se representaba a veces con un gran manto cubierto de escamas de pez y de cuya parte inferior sobresalía, para indicar que poseía también una naturaleza humana, una pierna. Según el mito, Ea, amiga del hombre, se le apareció unas cuatro veces surgiendo de las profundidades del océano para enseñarle la tolerancia.

También en esta historia encontramos la analogía de los valores agua-tierra y en realidad el signo de Capricornio debería considerarse como un signo doble, pero esto la astrología tradicional no lo tiene en cuenta puesto que indica como signos dobles sólo los Géminis, el Sagitario y los Piscis.

Esta dualidad, expresada de una manera tan clara en los diversos mitos y posteriormente empleada en el simbolismo hermético, obliga al nativo de Capricornio a escoger entre la vida de las tinieblas y la de la luz espiritual.

¿ESTÁ SEGURO DE PERTENECER AL SIGNO CAPRICORNIO?

Si usted ha nacido el 21, el 22 o el 23 de diciembre puede verificarlo en la siguiente tabla que muestra el momento de la entrada del Sol en el signo de Capricornio. Los datos se refieren a las horas 0 de Greenwich. Para los nacidos en España, es necesario añadir una o dos horas al horario indicado (véase tabla de la pág. 55).

día	hora	min	día	hora	min	día	hora	min
23.12.1903	0	21	22.12.1938	12	14	22.12.1973	0	8
22.12.1904	6	14	22.12.1939	18	6	22.12.1974	5	56
22.12.1905	12	4	21.12.1940	23	55	22.12.1975	11	46
22.12.1906	17	53	22.12.1941	5	44	21.12.1976	17	36
22.12.1907	23	52	22.12.1942	11	40	21.12.1977	23	24
22.12.1908	5	33	22.12.1943	17	29	22.12.1978	5	21
22.12.1909	11	20	21.12.1944	23	15	22.12.1979	11	10
22.12.1910	17	12	22.12.1945	5	4	21.12.1980	16	56
22.12.1911	22	53	22.12.1946	10	54	21.12.1981	22	51
22.12.1912	4	45	22.12.1947	16	43	22.12.1982	4	39
22.12.1913	10	35	21.12.1948	22	33	22.12.1983	10	30
22.12.1914	16	23	22.12.1949	4	23	21.12.1984	16	23
22.12.1915	22	16	22.12.1950	10	14	21.12.1985	22	8
22.12.1916	3	59	22.12.1951	16	0	22.12.1986	4	3
22.12.1917	9	46	21.12.1952	21	43	22.12.1987	9	46
22.12.1918	15	42	22.12.1953	3	32	21.12.1988	15	28
22.12.1919	21	27	22.12.1954	9	25	21.12.1989	21	22
22.12.1920	3	17	22.12.1955	15	11	22.12.1990	3	7
22.12.1921	9	7	21.12.1956	21	0	22.12.1991	8	54
22.12.1922	14	57	22.12.1957	2	49	21.12.1992	14	44
22.12.1923	20	53	22.12.1958	8	40	21.12.1993	20	26
22.12.1924	2	46	22.12.1959	14	35	22.12.1994	2	23
22.12.1925	8	37	21.12.1960	20	26	22.12.1995	8	17
22.12.1926	14	34	22.12.1961	2	20	21.12.1996	14	6
22.12.1927	20	19	22.12.1962	8	16	21.12.1997	20	8
22.12.1928	2	4	22.12.1963	14	2	22.12.1998	1	57
22.12.1929	7	53	21.12.1964	19	50	22.12.1999	7	44
22.12.1930	13	40	22.12.1965	1	41	21.12.2000	13	38
22.12.1931	19	30	22.12.1966	7	29	21.12.2001	19	23
22.12.1932	1	14	22.12.1967	13	17	22.12.2002	1	14
22.12.1933	6	58	21.12.1968	19	0	22.12.2003	7	5
22.12.1934	12	50	22.12.1969	0	44	21.12.2004	12	43
22.12.1935	18	37	22.12.1970	6	36	21.12.2005	18	36
22.12.1936	0	27	22.12.1971	12	24	22.12.2006	0	23
22.12.1937	6	22	21.12.1972	18	13	22.12.2007	7	9
						21.12.2008	13	5

CARNET DE IDENTIDAD DE CAPRICORNIO	
Elemento:	Tierra
Calidad del signo:	cardinal, femenino
Planetas dominantes:	Saturno y Urano
Longitud en el zodiaco:	de 270 a 300
Estrellas fijas:	Deneb, Vega, Arco del Sagitario
Colores:	negro, verde
Números:	1, 10
Día de la semana:	sábado
Piedras:	ónix, ópalo, crisólito
Metales:	plomo, platino
Perfumes:	narciso, madreselva
Plantas:	encina, ciprés, eucalipto
Flores:	espino albar, edelweiss
Animales:	delfín, oso, gamo
Lema:	Yo crezco
Amuleto:	concha fósil
Estados, regiones y ciudades:	Grecia, Bélgica, Turín, Parma

Psicología y características del signo

La personalidad

Los Capricornio tienen indudablemente una personalidad compleja, difícil de entender en un primer momento. No pertenecen a aquellas personas que se convierten enseguida, en cualquier lugar o situación, en el centro de atención; sólo si los demás se esfuerzan en conocerlos mejor, descubren los muchos valores y virtudes que mantienen celosamente escondidos. Es muy difícil que participen en diversiones que consideren sólo un fin en sí mismos; si encuentran a personas demasiado frívolas o superficiales crean una especie de muro, un comportamiento que los aísla un poco de la vida mundana. La gente los juzga en general como personas de temperamento frío, sin empuje, inasequibles. Es inútil atormentarse porque quien los trata descubre lentamente en ellos una personalidad distinta de la que había imaginado.

Vitales, inteligentes, siempre deseosos de aprender, se sienten atraídos por la meditación y les gusta buscar la esencia en todas las cosas, el misterio escondido. Su profundidad de alma está abocada casi enteramente a la introspección.

En su juventud no saben divertirse, ni les interesa de qué manera pasan los demás su tiempo libre y dan la impresión de ser distantes y serios. Hacia los 28-29 años, tras la primera revolución de Saturno, empiezan a emanar un cierto magnetismo, conquistan estima y se afirman profesionalmente. De los 40 años en adelante parece como si el tiempo se hubiera detenido. Generalmente llegan a una edad muy avanzada y permanecen con la mente lúcida y extremadamente juveniles.

Su encanto aumenta con el paso de los años y su personalidad se impone; en esta fase de su vida los temores y las incertidumbres de la juventud pertenecen ya sólo al pasado.

En la juventud son introvertidos, silenciosos y necesitan afecto pero se avergüenzan de demostrarlo y, si temen que alguien pueda intuirlo, se vuelven todavía más huraños. Su doble naturaleza pezcabra hace de ellos personas que con el paso de los años cambian totalmente de carácter.

Encuentran su autorrealización en el trabajo, al que dedican toda su energía, el estudio y la paciencia, y la capacidad y la voluntad de la que disponen los convierte en personajes ganadores. Una brillante afirmación, en la segunda mitad de la vida, los resarcirá de todos los problemas del pasado, confirmando que Capricornio en su esencia es un signo doble, que asciende desde las profundidades del mar hasta la cumbre de la montaña.

Las cualidades humanas de Capricornio quedan a menudo en secreto para muchos, puesto que penetrar más allá de la aparentemente ruda corteza no es siempre fácil, se necesita una enorme paciencia. Conquistarlos es de todo menos sencillo, pero después de conseguirlo, empiezan a confiar y desde ese momento muestran una actitud más abierta.

Disponen de una fuerza física excepcional y dotes morales considerables entre las cuales destacan la precisión, el hecho de ser metódicos y una extraordinaria disciplina interior. Hasta que no alcanzan las metas que se han marcado piensan que los acontecimientos y las personas les son contrarios. Este miedo inconsciente es el que hace que sean solitarios y, en la juventud, complica su inserción social y mundana.

El planeta dominante, Saturno, no se muestra muy tierno, al contrario los presiona a menudo obligándolos a medir sus fuerzas en relación con el destino.

El sentido del deber está incluso demasiado desarrollado; para ellos ningún sacrificio es excesivo para apoyar, en cualquier circunstancia, a sus seres queridos; son muy tradicionalistas y la familia tiene para ellos un papel esencial.

Poseen también una fuerza de resistencia poco común, unida a una voluntad que mueve, como se suele decir, montañas; consiguen superar cualquier dificultad, haciéndose cada vez más fuertes. Además, raramente encontraremos individuos tan íntimamente convencidos de poder conseguir lo que se proponen: para superar los problemas cuentan sólo con ellos mismos, y aunque puedan lamentarse de sus problemas con las personas que aman, esto es sólo un desahogo psicológico porque saben muy bien que les toca a ellos dirigir su propio camino.

Aunque Saturno les ataca por un lado, por el otro les ofrece también los medios necesarios y los dones más preciosos que el hombre pueda esperar: la conciencia de que «el sufrimiento es el camino más corto, aunque doloroso, hacia la sabiduría». De cada experiencia salen espiritualmente mejorados y Saturno, que asume para ellos el papel del padre severo, desea guiarles hacia la sabiduría; esto se expresa en el Tarot del IX Arcano: el Ermitaño.

También psicológicamente tienen que soportar una dura lucha entre la dinámica del signo y su dominante Saturno: este último indica el camino de la ascensión ascética, mientras su elemento, la Tierra, empuja al apego hacia los valores materiales. De hecho, les gustan mucho las cosas bonitas, vivir en un ambiente digno y cómodo. Por lo tanto, a menudo se encuentran ante la encrucijada de escoger qué camino seguir.

Por esta razón encontramos entre los nativos de Capricornio a industriales, ingenieros, hombres políticos, por ejemplo Andreotti, artistas como Marlene Dietrich, Ava Gardner, Fellini, pero también guías espirituales como lo era el gran Yogananda, nacido el 5 de enero.

Su lema es: «Yo progreso y avanzo por el camino que lleva hasta la luz».

El niño

El niño Capricornio es uno de los niños más juiciosos de todos los signos: no coge berrinches, es obediente y no pretende tener una atención constante por parte de los padres o de quien se ocupa de él.

Se distingue de los demás niños desde muy pequeño mostrándose inteligente y capacitado. Pero no juega con sus coetáneos, no hace confidencias a nadie y por ello los compañeros de clase lo dejan a menudo sólo, considerándolo poco sociable, alguien a quien no le gusta el alboroto y las diversiones usuales. Obtener su confianza es un privilegio raro, pero cuando establece una buena relación con otro niño y lo considera su amigo haría cualquier cosa por él.

Las defensas que crea a su alrededor, la inseguridad, el pensamiento de no merecer el mismo afecto que se les da a los demás, son una continua fuente de ansia para él. Incluso sus padres tienen problemas para entenderlos a veces, mientras son precisamente ellos los que deberían enseñarle la alegría de vivir, ser afectuosos, hacer que se sienta importante y establecer con él, desde muy pequeño, un diálogo serio basado más en el amor, la amistad y la comprensión, que sobre su autoridad.

En la escuela se esfuerza con ardor y, aunque le falta fantasía e imaginación, posee una fuerte capacidad de concentración y una óptima memoria; los éxitos los conquista por mérito propio.

El niño Capricornio no conoce la despreocupación infantil y desarrolla muy pronto intereses personales que lo absorben tanto que lo alejan casi del resto del mundo. En cualquier caso tiene el tiempo de su parte, de su confusión emocional nace lentamente una persona madura, encaminada hacia múltiples éxitos.

La mujer

La mujer Capricornio no soporta represiones sobre su propia personalidad y su aspiración es la de ser autónoma, libre en las expresiones y las acciones.

Es raro que se dedique sólo a la casa, es orgullosa y deseosa de autoafirmarse, en general trabaja hasta muy mayor. No consigue someterse a las exigencias ajenas y si lo hace, por deber o por amor, tiene que tratarse de una elección propia.

Se viste con sobriedad, siguiendo cánones tradicionales; por este motivo, en elegancia gana incluso a quien se esfuerza por vestirse siempre a la última moda.

Gran trabajadora, no aprecia a las personas superficiales, y su reserva se considera a menudo soberbia. A veces testaruda, no le gusta escuchar los consejos ajenos y prefiere pagar personalmente sus equivocaciones. Le falta también diplomacia y dice crudamente lo que piensa, algo que no le ayuda en la conquista de simpatías.

La mujer, más que el hombre del signo, con la edad gana en encanto, como si una luz interior la iluminara completamente. No teme a la vejez sino a las enfermedades que podrían eliminar su autonomía. Al destino adverso opone racionalidad y fe en algo superior, universal.

Si tiene hijos se convierte en una madre atenta, extremadamente disponible, quizás un poco demasiado autoritaria y aprensiva. Le gusta la naturaleza, más la montaña que el mar; lo importante para ella es poder reponerse en lugares apartados, sin el jaleo de las localidades turísticas. En conjunto, la mujer Capricornio irradia siempre un encanto sutil, envidiado por la mayoría.

El hombre

El hombre Capricornio es quizás el nativo más frío del zodiaco. La belleza física no lo deslumbra, la considera efímera, por ello busca el entendimiento intelectual y la riqueza interior. Pretende mucho de sí mismo y de los demás, es inagotable y cree que todos tienen su misma resistencia. Desconfiado, introvertido, en realidad este comportamiento suyo esconde el miedo de ser rechazado o la desilusión, quizás un complejo de inferioridad; de hecho, interiormente admira a las personas extrovertidas y sufre por el hecho de no serlo.

Es muy inteligente, sabe escuchar y, aunque a menudo se refugia en el mutismo, cuando habla, sus palabras son concisas, racionales, convincentes y le procuran estima ajena, algo indispensable para él. De intereses eclécticos, está sediento de saber y todo el conocimiento humano lo fascina.

También el hombre Capricornio es amante de la naturaleza, le gustan los largos viajes, preferiblemente a lugares en los que la civilización no ha llegado todavía, donde la soledad y el aire saludable templan su temperamento nervioso.

Tradicionalista, valora mucho su dignidad y el juicio de los demás; teme a la pobreza y, aterrorizado por el hecho de poder necesitar a los demás, cuenta sólo consigo mismo, concediéndose pocas distracciones y diversiones.

Quiere ser el indiscutido cabeza de familia, pero está dispuesto a cualquier sacrificio por el éxito de los hijos que a menudo por su falta de ternura y por sus pretensiones exageradas le agradecen mal sus esfuerzos, huyendo rápidamente de su autoridad. Sólo en la edad adulta los hijos podrán comprender mejor las estupendas dotes que escondía su aparente frialdad.

La amistad

Quien busca la amistad de un Capricornio no tiene la vida fácil; de hecho es difícil convertirse en su amigo, pero es siempre un esfuerzo que vale la pena. Si triunfan en su intento, se encuentra oro puro: podemos confiar ciegamente en ellos puesto que permanecen al lado de un amigo como una roca, luchando con ellos en la necesidad.

Lo importante es serles fieles, no violar su reserva y no atacar su personalidad puesto que son susceptibles y aceptan racionalmente las críticas sólo si se expresan con dulzura y con ironía cordial. Esperan mucho de los amigos puesto que se dan también totalmente y desean que incluso los demás estén igualmente disponibles.

Honestos, leales y generosos consideran que la amistad es más importante que el amor; el amor es para ellos un sentimiento egoísta porque induce a querer poseer a otro ser, mientras que la amistad es altruista.

Selectivos en la elección de los amigos, si los traicionan se muestran todavía más fríos y desconfiados que antes porque la amistad para ellos es sagrada y no se puede arrastrar por el fango. Tienen casi siempre muchos conocidos, pero sólo después de largos titubeos se confían y los transforman en amistades. Se sienten atraídos por las personas que respetan, que consideran socialmente seguras, o por las que les pueden enseñar algo intelectual, cultural y humano. La típica actitud distanciada, al lado de un amigo se hace cordial, desenvuelta y expresiva. Dan mucha importancia a la amistad por lo que se sienten interiormente ricos cuando tienen alguna; esto es debido a que su naturaleza solitaria los hace estar deseosos de sentir a alguien cerca.

Evolución

El zodiaco, entendido como evolución humana, inicia su dinámica en el signo de Aries, acabando su ciclo en el de Piscis. Capricornio representa tanto el hombre sobre el Camino como la conciencia humana que empieza a sublimarse en el momento en que, comprendiendo la propia pertenencia al cosmos y evolucionando, transforma los vicios en virtudes, por ejemplo la testarudez en perseverancia.

Capricornio ya es de por sí el símbolo de la ascensión y de la evolución espiritual que se alcanzan sólo a través de renuncias y sacrificios. Se sitúa entre los primeros que aprenden que la felicidad no se encuentra fuera de uno mismo porque está en nosotros y en nuestras conquistas.

Durante la infancia y en los primeros años de la juventud el Capricornio está atormentado y a menudo tiene que afrontar grandes responsabilidades.

Debido a su carácter cerrado sus intenciones se interpretan mal y tiene que sufrir kármicamente envidias injustas.

El concepto de reencarnación está estrechamente relacionado con el de karma, una palabra derivada de una raíz sánscrita que significa «hacer»; por lo tanto el karma es la acción en el sentido más completo del término. Todo es acción, cada pensamiento y cada acción nuestra desarrollan y producen sus frutos, siguiendo la ley cósmica.

En el ámbito físico, la causalidad parece evidente (si me pincho o me quemo, siento dolor), pero muestra su acción incluso en el ámbito emocional y mental, puesto que cada sentimiento y cada pensamiento determinan repercusiones psicológicas que, a su vez, provocan determinadas reacciones afectivas y mentales.

La doctrina de la reencarnación nos enseña que, después de entender la dinámica del propio signo zodiacal de nacimiento, se puede alcanzar una mayor serenidad interior, expansión de ánimo, junto al éxito y a una plena realización en cada sector de la vida.

Capricornio está dominado por el planeta Saturno que, además de expresar la muerte y el tiempo, es el planeta por excelencia del karma que nos castiga y nos hace sufrir; por esta razón se le considera erróneamente como negativo. Pero recordemos que en el mundo todo está sometido a la ley binaria: no existe el bien sin el mal y viceversa. De forma particular el nativo de Capricornio, aunque en realidad todos nosotros, debe mucho a Saturno que empuja de forma despiadada hacia la perfección. Bajo su influencia la vida se convierte en una dura disciplina que pone en crisis la naturaleza humana, estremeciendo esa parte divina que duerme en cada uno de nosotros.

Saturno y el alma nacida en Capricornio tienen, respecto al Sol, la misma relación. Este planeta y el Sol están muy distantes el uno del otro; de ello se desprende que hasta que el individuo no ha crecido espiritualmente, siente mucho *frío*, precisamente como Saturno que no recibe suficiente luz y calor de nuestro astro. Al ser una fuerza que limita, Saturno es la antítesis del Sol, una fuerza que irradia.

Todo no es tan trágico como podría parecer puesto que las dificultades presentadas por Saturno son proporcionales a las ocasiones que ofrece de superarse a uno mismo y a las circunstancias. Saturno es muy similar a Volcán que forja las almas a golpe de martillo hasta que, partida la corteza de plomo (metal de Saturno), consiguen alcanzar la conciencia del hombre.

Debido a su evolución, Capricornio tiene que realizar una verdadera obra alquimista: transformar simbólicamente el plomo en oro.

La casa

Capricornio ocupa en el círculo zodiacal la décima Casa, o Medio Cielo, el punto más alto alcanzado por el Sol en su movimiento aparente, por eso es también el signo del éxito y corresponde, en el ámbito evolutivo individual, con la plena madurez, con la edad de la total autonomía psíquica y material.

Trabajadores tenaces, cuando llegan a casa desean tener una atmósfera acogedora y tranquila. Su casa es generalmente una joya, decorada con óptimo gusto y refinamiento, pero sobre todo cómoda.

Les gustan los muebles antiguos, los relojes de péndulo, posiblemente una chimenea en el salón, donde poderse relajar y tener largas conversaciones con la persona amada o los pocos amigos que gozan de su confianza. No les faltará un rincón de estudio con objetos originales sobre el escritorio.

La persona que ve por primera vez la casa de un Capricornio se queda favorablemente impresionada y notará lo acogedora que es, su funcionalidad, pero al mismo tiempo, nada moderna.

En estas casas se encuentran casi siempre plantas maravillosas porque los Capricornio tienen buena mano para la jardinería y están en perfecta sintonía con la tierra y la vegetación, más que con el prójimo; saben *hablar* realmente con las plantas que se lo agradecen con sus flores.

Las aficiones

Escogen sólo aficiones que tengan un objetivo preciso y que al mismo tiempo puedan provocar la admiración de los demás. Es difícil que encuentren de pequeños una afición, porque los juegos de sus coetáneos no les interesan, no les gusta el juego como un único pasatiempo. Por lo tanto, muchos de ellos empiezan muy pronto a coleccionar sellos, a continuación monedas antiguas y objetos de anticuario puesto que el pasado y la historia ejercen sobre los Capricornio una gran atracción. De adultos, en cuanto los medios lo permiten, buscan una parcela de tierra donde poder desahogar su pasión por la jardinería.

Uno de sus mayores placeres es retirarse a un rincón acogedor donde, en el silencio de la noche, sumergirse en la lectura de las religiones comparadas, de los ritos y de las órdenes iniciáticas. En esos momentos se olvidan de todo lo que les rodea y finalmente tienen la mente libre de toda preocupación; sólo en la soledad y en el silencio consiguen cargarse de energía físicas y psíquicas.

Otra afición que les distrae del mundo, aunque más material, es la de la mecánica; arreglar viejos artilugios, de cocina o de otro tipo, es para ellos una gran diversión; además, se sienten muy satisfechos cuando consiguen hacerlos funcionar, especialmente si han triunfado allí donde los demás habían fracasado.

También la música les fascina mucho porque poseen un buen oído musical. Les gustan los conciertos, la ópera y sobre todo la música clásica o, por lo menos, la melodía que pertenece más al pasado que al presente. Su nota es el La.

Para los Capricornio la raíz de mandrágora es un potente talismán, especialmente si la han cogido los interesados, un trabajo nada fácil por cierto y que puede presentar inconvenientes. De hecho, a propósito de esto, hay una historia popular que dice: «Para poder extraer la raíz de mandrágora, que parece estar clavada en las profundidades de la tierra, se tiene que atar un perro al árbol en una noche de luna llena y, alejándose un poco, se tiene que llamar al perro para que venga. El esfuerzo ejercido por el animal para alcanzar a la persona consigue extraer la raíz de la tierra, pero es necesario taparse las orejas para no escuchar el terrible grito que la mandrágora lanza al entrar en contacto con el aire, de lo contrario es posible volverse loco».

Regalos y colores

Hacerles un regalo es fácil y difícil al mismo tiempo porque no les gustan las cosas inútiles, aunque sean modernas o agradables a la vista. Al ser muy metódicos y racionales consideran que la compra de objetos similares es malgastar el dinero. Les puede atraer un objeto de oro por la belleza de la factura pero también por su valor intrínseco; en cambio agradecen más algo simbólico, por ejemplo una clepsidra, que representa el tiempo con el que el signo mantiene una relación particular, o una planta, que tiene el poder de conmoverlos.

El Capricornio está también en gran sintonía con los minerales, por ello apreciarán una piedra; una rosa del desierto es para ellos una verdadera joya.

Incansables en el estudio, tengan la edad que tengan, agradecen mucho los libros, especialmente si tratan el argumento que les interesa en ese momento, o un abono a su revista preferida. Como don aceptarían con mucho gusto un anillo de ónix, su piedra amuleto.

Los colores preferidos son el negro y el gris, aunque el que más actúa sobre su inconsciente es el verde esmeralda. Deberían tener siempre algo verde a su alrededor y es quizá por esa razón que les gusta tanto decorar los ambientes en los que viven con muchas plantas.

Estudios - profesiones - dinero

Estudios ideales

En general, con la mente racional y el amor por el estudio, los Capricornio no tienen problemas en este sentido; lo importante es que los estudios a seguir no se los impongan los padres o los demás, argumentando que sería una forma de continuar una actividad a la que ellos se dedican. Sería esta una mala idea puesto que los Capricornio son tan autónomos que saben ya, desde muy jóvenes, lo que desean hacer en la vida y no soportan las coerciones, ni siquiera de las personas que aman.

Se sienten atraídos por el ámbito científico, en particular por el estudio de las piedras y de los minerales. Desde el inicio de sus estudios su habitación parece una biblioteca: los libros son como la comida y no se cansan nunca de leerlos y releerlos.

Otro campo que les atrae es la biología que les permite estudiar las formas de vida del entorno; también tienen buenas posibilidades en la política donde su autocontrol y discreción puede llevarlos muy alto. Conservadores y correctos, también las leyes se les adaptan bien, podrían ser buenos abogados, notarios y jueces y se les abrirían muchas puertas.

Si en cambio desean empezar a trabajar pronto, se realizarán con la mecánica. Su mente analítica y la paciencia serán los pilares en los que se sustentará su éxito.

En su doble personalidad, el Capricornio cambia algunos de sus puntos de vista durante su vida; busca constantemente una mejora, por eso en la madurez muchos centran su interés en los estudios humanísticos y en actividades que atenúan los sufrimientos ajenos, tal como hizo el gran Albert Schweitzer.

Salidas profesionales

No les faltan realmente posibilidades y salidas profesionales. Seguramente no escogerán nunca una determinada actividad sólo porque tienen que trabajar; de hecho son muy conscientes de las posibles metas desde el principio de su carrera laboral.

Son muy ambiciosos y trabajan sobre todo por su propia autorrealización, por lo que ningún sacrificio les pesará y en la escalada hacia el éxito no se concederán pausas. No se les facilitará nada porque no pertenecen a la categoría de las personas dotadas de carisma que arrastran a las masas, por eso el éxito depende sólo de su capacidad.

En el campo que hayan escogido serán maestros porque son muy críticos consigo mismos, así como con los demás. Pero este hecho hará que la colaboración con los colegas sea difícil; serán admirados pero no apreciados, sobre todo porque toman ellos solos las decisiones y ponen a los demás frente a los hechos consumados. No se confían hasta que no están seguros de sus posibilidades; además se sienten dolidos si alguien les critica, discute sus decisiones o resultados, a los que han llegado después de un largo trabajo.

Estrechamente relacionados con el tiempo, gracias al planeta dominante Saturno, podrán desarrollar también actividades que permiten luchar contra él, como la del médico especializado en gerontología. Quizás en su inconsciente tienen miedo de la vejez, sobre todo a la idea de que llegue un día en que ya no puedan ser autosuficientes.

Capricornio está considerado el signo más ambicioso del zodiaco, aunque intenta no dejar que se note; de hecho, la discreción cubre las emociones y el estrés al que se somete continuamente para avanzar sobre el camino del éxito.

Se retira a menudo en la soledad y sustituye los contactos humanos con una profunda búsqueda interior que le permite conocerse mejor a sí mismo y también modificar el propio carácter, por lo tanto, consigue crearse amistades válidas y, con el paso del tiempo, obtiene el apoyo de personas influyentes.

Muchos alcanzan un verdadero éxito y fama profesional sólo en la madurez; cuando los demás se sienten ya cansados ellos empiezan la carrera, sintiéndose siempre más jóvenes y habiendo conquistado la confianza que les faltaba en la juventud. El trabajo lo es todo; su lema es no detenerse nunca porque saben que la mente siempre viva y ocupada los hace ser más jóvenes.

No debe extrañarnos que un Capricornio se dedique a la psicología o a la astrología. Se preguntará cómo es posible con lo frío y racional que es. Pero sería más adecuado decir con lo frío que *era* porque con los años maduran los aspectos positivos del planeta Saturno, es decir la concentración, la comprensión, el análisis y la sabiduría con la que podrá convertirse en un guía espiritual.

En general aprecian mucho las ceremonias y los ritos y por eso podrían pertenecer también a una orden iniciática en la que se sentirían muy cómodos. La calma que saben aportar a los demás hace que sean buenos consejeros, buenos psicólogos y las técnicas en las que se basan son aprobadas científicamente. Disponen de muchas salidas profesionales pero lo que más cuenta, para alcanzar sus metas, es que puedan escoger en plena libertad.

Dinero

Los Capricornio se preocupan mucho por el futuro, de ahí que para ellos el dinero se convierte en una cosa seria e importante: representa la seguridad económica.

Desde muy jóvenes mantienen un contacto equilibrado con el dinero, no son casi nunca avaros, especialmente si predomina el elemento Aire o Fuego en su horóscopo.

Tampoco son demasiado malgastadores, gastan cuando les parece correcto: para las necesarias vacaciones después de un duro trabajo o por estudios; gran parte de su dinero acaba en las librerías o en los anticuarios.

No gastarán ni un duro en algo que les parezca inútil e intentarán multiplicar lo que han ganado con inversiones seguras; invierten de nuevo lo que obtienen o compran algo que realmente les apetezca, como un terreno o un inmueble. No arriesgan nunca la base de sus ahorros.

Los familiares, sobre todo los hijos, no tendrán nunca problemas de dinero porque su sentido del deber, y también el orgullo de poder decir «esto lo he hecho yo», les hace trabajar enormemente para preparar a sus seres queridos un lecho de plumas.

No es nunca justo clasificar a una persona en una tipología rígida, ponerla entre los avaros o entre los generosos. El Capricornio tiene a menudo planetas veloces en los signos cercanos, de esta forma podrá tener *la cabeza en Sagitario y los pies en Acuario*, por lo que tendrá momentos, un poco como todos, en los que es bastante austero y otros en los que será muy pródigo.

Para los Capricornio, la relación con el dinero es siempre muy pragmática puesto que lo valoran en la medida en que les aporta tranquilidad e independencia.

El amor

Ella

La mujer Capricornio está sometida a la influencia sofocante de Saturno: es tímida, introvertida, sobre todo en las primeras aproximaciones, tiene miedo de amar, de que la desilusionen, la traicionen o la dejen de lado.

Posee un encanto particular que no se nota durante el primer encuentro, sino sólo cuando se tiene la paciencia de conocerla mejor. Tiene muchos intereses y sabe mantener una discusión si se siente implicada aunque inicialmente no toma nunca la palabra y espera que los demás den su opinión.

Cuando tiene la sensación de estar a punto de enamorarse su primer impulso es el de alejar este sentimiento tan comprometedor. Sabe amar con una profundidad de ánimo que podrá hacer feliz a cualquier hombre que no busque sólo una aventura.

Se trata de una óptima madre y mujer de casa, pero es extraño que se conforme con este papel. Con los años, su personalidad crece, sobre todo si se siente amada, buscando la autorrealización en actividades que le interesen.

Es igual de fiel que el hombre Capricornio y quiere lo mismo para ella. Aparentemente, podría olvidar una traición o perdonar por los hijos, por todos los familiares, por su posición social, pero en realidad ya no la ataría ningún sentimiento al hombre que la ha hecho sentir tan profundamente ofendida.

La mujer Capricornio sabe dar más amor puro, afecto y ternura que satisfacción sexual. Es como una madraza que protege con todo su ser a los que ama, a veces incluso demasiado, con una protección exagerada, sobre todo en el papel de madre.

Su seducción es muy sutil: es ella la que escoge directamente a la pareja, no dejándose escoger, por lo tanto, envuelve a la persona que le interesa con diplomacia, elegancia y aparente indiferencia, siempre preparada para tomar la iniciativa, pero sin llegar a ser entrometida. Cuando ya se encuentra entre los brazos de su hombre, sabe mostrarse muy tierna y altruista. Tiene una única pretensión: que no se la descuide nunca.

No se apasiona fácilmente, pero cuando se enamora se convierte en una mujer devota, a menudo incluso eficiente colaboradora profesional del propio compañero; hará cualquier cosa para allanarle el camino del éxito, así como lo hará por los hijos cuando llegue el mo-mento.

Da de sí una imagen de mujer refinada pero a menudo extremadamente fría, que parece inalcanzable. Si su pareja sabe darle tanto amor y la rodea de muchas atenciones, superando sus iniciales barreras de resistencia, se convierte lentamente en una amante exquisita.

La mujer Capricornio sabe lo que quiere desde muy pequeña. En la elección de la pareja quiere formarse primero un cuadro completo, es decir que no lo juzgará sólo por sus palabras o por su actitud, sino también por la relación que tiene con los demás. Desea que la pareja le deje su libertad, que no quiera transformarla en una persona que no corresponde a su verdadero ser. Necesita poder admirar a su compañero, que debe saber sujetar las riendas en su mano, sin tirar demasiado de ellas.

Finalmente, un hombre que obtenga el amor de una Capricornio podrá considerarse afortunado, porque tendrá a su lado a una verdadera compañera en cualquier circunstancia de la vida, y además tendrá a una mujer que posee un gran encanto, que continuará aumentando y que permanecerá con el paso de los años.

Él

Siempre tan lógico y racional, cuando se trata de sentimientos pierde terreno y se pone nervioso: el amor es algo que lo asusta, de lo que tiene miedo. Si se enamora, algo nada fácil, adquiere un compromiso para toda la vida, por ello tiene que pensárselo mucho antes de tomar una decisión; se siente confuso porque sus pensamientos contradicen a su corazón.

En su inconsciente tiene miedo del amor, teme desilusionarse, que no le correspondan como querría. Una traición sería para él el fin, no conseguiría perdonarlo nunca, puesto que es la fidelidad en persona.

No debería unirse nunca a una nativa de un signo de Fuego: Aries, Leo y Sagitario, seres brillantes, pasionales, que pueden cansarse muy pronto de la escasa afectuosidad demostrada por la pareja y buscar nuevas emociones en otro lugar.

Tiene una gran necesidad de afecto, de ternura y de calor, pero no lo demuestra, le parecen debilidades, y no se da cuenta de que a menudo deja helados a los demás con esta actitud.

Cree que las palabras no le sirven y demuestra su amor con hechos, por ello quiere que su mujer viva cómodamente, que vaya bien vestida y la lleva con placer a veladas mundanas. Su pareja, en cambio, renunciaría sin problemas a algún objeto caro para tener palabras dulces de su compañero.

La vida sexual es muy importante para él, en algunos momentos de dulzura se convierte en un amante ardiente, pero a menudo se asusta de su propio apasionamiento y enseguida se recubre de hielo. Para que pueda abandonarse completamente y la unión con él sea serena y llena de vitalidad, se necesita mucho tiempo.

El hombre Capricornio no se deja arrastrar fácilmente en un torbellino de pasión o guiarse por el instinto, se mantiene casi siempre a la defensiva pero, cuando se desbloquea, su carga de erotismo sorprenderá a su mujer. En el fondo tiene siempre miedo de perder a la persona amada por culpa del destino o porque ella dirija su interés a otra parte.

Él es realmente el marido por antonomasia, pero sólo después de muchos razonamientos y titubeos le pedirá la mano a ella.

De hecho, considera el matrimonio como una cosa sagrada y muy importante y, sobre todo para él como hombre, también una enorme responsabilidad por la familia que pretende formar. En este ámbito tiene pocas pero claras pretensiones: absoluta seriedad, honestidad y fidelidad.

Su mujer tendrá que cuidarse, ser graciosa, amante de la casa, capaz de mantener cualquier diálogo. La mujer guapa pero tonta no le gusta para nada; ni siquiera aceptaría una aventura con ella. Quiere a una mujer culta, de sentido común, que sea una buena madre para sus hijos y los sepa hacer crecer bien.

A escondidas va en busca del gran amor y no está dispuesto a aceptar compromisos; más bien enterrará su gran secreto y se aislará, hablando mal de todas las mujeres, sobre todo si le han desilusionado o le han abandonado.

Es raro que el hombre Capricornio se case joven puesto que para él lo más importante es el éxito profesional y no quiere, hasta que no tiene la seguridad económica y una posición social, tomarse las responsabilidades que comporta el matrimonio. Si se enamora hasta el punto de seguir el instinto y no la razón, se casará joven; pero esta unión está destinada a no durar durante demasiado tiempo porque es muy posible que llegue a desatender las obligaciones para con su mujer a causa del trabajo.

La unión triunfadora de un Capricornio en cambio se parecerá a un fuego intenso que no se apaga nunca.

Relaciones con los demás signos: las parejas

Capricornio - Aries

El Capricornio puede sentirse fascinado al principio por el Aries, tan excéntrico, optimista y seguro de sí mismo, pero tendrá que intentar conocerlo más a fondo antes de unirse a él, puesto que con el tiempo lo que primero admiraba se convertirá a sus ojos en un defecto. De hecho, viviendo juntos juzgará muchas actitudes del Aries como superficiales, pensará que no es de confianza y, sobre todo, encontrará que no tiene un temperamento adecuado al suyo, mucho más serio. En cambio, el Aries considerará a la pareja monótona y sin empuje. El Fuego del Aries no se combina con la Tierra del Capricornio y, por lo tanto, una vida en común puede hacerse fácilmente imposible. Una amistad basada en el intercambio recíproco de ideas, o una colaboración de trabajo, tendrá mejores probabilidades de resistir con el paso de los años.

Capricornio - Tauro

Se trata de una combinación astrológica positiva: los dos signos pertenecen al elemento Tierra y se sienten útiles el uno al otro. La relación se basa en la admiración instintiva, la sana atracción física y la comprensión recíproca. Los caracteres son muy diversos, de hecho Venus domina al Tauro y lo hace más atractivo y sensual de lo que lo es el Capricornio. Sin embargo, se completan bien recíprocamente porque Venus enseña el optimismo y los lados buenos de la vida al Capricornio que, a su vez, hace que Tauro sea más consciente. Los dos aman una vida serena y buscan una buena posición económica, una sólida inserción social y profesional. Lo importante es que descubran también valores espirituales e intelectuales comunes o su vida se vuelve árida.

Capricornio - Géminis

El Géminis puede aprender mucho del Capricornio; se trata de una unión que lo hace más estable y consciente puesto que a este signo de Aire le gustan los viajes, la gente y es bastante inestable en sus afectos. A su vez, el Capricornio que está a su lado se vuelve más sociable y cuando la pareja pasa bruscamente de un estado de ánimo al otro le puede ofrecer un sólido apoyo. Aunque su unión no es fácil, pueden obtener de ella un enriquecimiento recíproco; de hecho, la versatilidad del Géminis la capta bien el Capricornio y la encamina positivamente. Para hacer durar su amor tienen que tener los dos muy buena voluntad porque entre sus caracteres existe una gran diferencia: cuando se presenta un problema, cada uno de ellos lo quiere resolver de forma distinta.

Capricornio - Cáncer

En esta combinación encontramos signos opuestos, pero el Cáncer corresponde a la Casa del matrimonio para el Capricornio; además los dos elementos son compatibles entre sí: la Tierra del Capricornio absorbe con placer el Agua del Cáncer. El gran problema está representado por la extrema susceptibilidad del Cáncer, siempre deprimido, desconfiado, ceñudo y que se retira en el mutismo, un comportamiento que el Capricornio no agradece, que tiene que convencer siempre a la pareja de cuánto lo ama, de la propia voluntad de ayudarlo en cualquier circunstancia, como consejero atento.

Si se confían el uno al otro, la unión puede ofrecerles muchas alegrías; juntos gozarán del propio nido; óptimos padres los dos, pueden dar tranquilamente el gran paso.

Capricornio - Leo

El Capricornio se siente inmediatamente atraído por la destacada personalidad del Leo, a su vez inmediatamente fascinado por la elegancia y por la actitud altiva del Capricornio. Pero los dos elementos, la Tierra del Capricornio y el Fuego del Leo, después del entusiasmo inicial, se apagan de forma recíproca. Entre ellos podrá ser muy satisfactorio un breve flirteo durante el cual podrán vivir sensaciones nuevas, pero se desaconseja el matrimonio. Si el amor es tan fuerte como para desembocar en un vínculo legal, entonces con buena voluntad el

Leo podrá aprender del Capricornio cómo afrontar la vida con coraje, y este último, seguro del amor de la pareja, aprenderá a superar muchas de las dudas que le vienen a la cabeza si no se siente amado.

Capricornio - Virgo

Especialmente en amor, la unión entre estos dos signos es una de las mejores; de hecho, los dos pertenecen al elemento Tierra. Pueden contar sobre una vida en común serena, se comprenden con una mirada, con un gesto, al estar mucho en sintonía. Tienen los mismos gustos y persiguen las mismas metas; construirán juntos, como dos hormigas, incansables y orgullosas de sus éxitos. Nadie quiere el mérito sólo para él: los dos piensan que sin la ayuda mutua, los consejos y el interés de la pareja no habría sido posible obtener tanto. Íntimamente inseguros, se ayudan de forma recíproca. No les gusta la vida tumultuosa, dividen su felicidad con los pocos amigos que han escogido con el paso de los años. Para ellos sería tremendo perder pronto a la propia pareja.

Capricornio - Libra

El Aire del Libra no se une a la Tierra del Capricornio, subiendo se aleja, pero una parte suya vuelve siempre sobre la tierra vivificándola. Es más fácil que entre estos dos signos se cree una profunda amistad, o una buena colaboración profesional que no que se centre en el matrimonio. Si en cambio sucede esto, entonces será el Libra el que aportará el equilibrio interior que necesita el Capricornio y lo ayudará a ser menos pesimista. El Libra considera muy importante el propio aspecto físico, haciendo que la pareja se sienta orgullosa por la admiración que despierta. El Capricornio consigue, en cambio, con dulzura, hacerle entender la inutilidad de ciertas cosas y le lleva hacia nuevos valores. Si cada uno de ellos acepta la guía y los consejos del otro, la unión se hace más sólida con el tiempo, en caso contrario fracasa.

Capricornio - Escorpio

La Tierra del Capricornio acepta con alegría el Agua nutriente del Escorpio, pero los planetas dominantes de estos dos signos, Marte y

Saturno, no se aman y sus tendencias se oponen. En cambio, tienen en común la conciencia de que la vida es una lucha continua y los dos son muy orgullosos. Todo esto permite a esta pareja triunfar, pero la unión sufre constantes altibajos, los litigios (o el mutismo, si evitan ofenderse) están a la orden del día.

El Capricornio ama la vida tranquila y tiende a la autonomía propia, el Escorpio, posesivo y celoso, no lo acepta y se pone furioso. La clave de su éxito matrimonial consiste en saber amar a la pareja de la forma que necesita.

Capricornio - Sagitario

Aquí encontramos dos elementos que no se combinan, es decir, el Fuego y la Tierra, por ello el denso elemento del Capricornio sofoca el entusiasmo fogoso del Sagitario. El Capricornio no comprende los sueños del Sagitario, su sociabilidad, las ganas de divertirse, de viajar y lo considera demasiado superficial, reacio a los sacrificios que él cumple a diario. Pero si se aman, el Capricornio puede aprender mucho del Sagitario que le enseña la alegría de vivir, obligándolo de vez en cuando a realizar una pausa en su carrera anhelante hacia el éxito; a su vez, el Sagitario admira la constancia y la seriedad de la pareja. Intercambiando sus dotes positivas, pueden ser una pareja muy unida e instaurar una unión basada en la compensación de caracteres.

Capricornio - Capricornio

Realmente no se puede decir que estas dos personas se pierdan entre sueños y proyectos fantasiosos. Pertenecientes los dos al elemento Tierra, se centran en lo concreto y en la lógica; son introvertidos, construyen en silencio. En esta unión falta el empuje y la alegría de vivir; pero no son infelices puesto que esta es su forma de ser. Si tienen hijos, la vida de estos niños no será fácil porque sus padres les exigen mucho y son poco propensos a adular y son poco afectuosos, pero les crearán un futuro seguro, particularmente en el ámbito social y económico. Si un Capricornio se une con un nativo de su mismo signo, es porque se quieren recíprocamente y porque se entienden intelectualmente, a veces incluso por conveniencia, pero difícilmente por un amor a primera vista, de hecho les falta la atracción física.

Capricornio - Acuario

Existen muchas parejas Capricornio-Acuario aunque sus elementos son inarmónicos entre sí; el Aire del Acuario no comprende la esencia de la Tierra, pero tienen los mismos planetas dominantes, es decir Saturno y Urano. El comportamiento del Acuario, tan caprichoso y desinhibido atrae mucho al Capricornio que cae rápidamente en sus redes. Por otro lado, el Acuario se siente apoyado, protegido por la pareja, tan seria, sobria, y se divierte despertando en ella el amor y la pasión.

Finalmente, el Acuario posee la fantasía, el optimismo, los ideales que le faltan al Capricornio pero, en cambio, le falta el pragmatismo y la estabilidad para alcanzar sus metas. Si no se casan demasiado jóvenes pueden, como en los cuentos, vivir juntos y felices hasta el final de sus días.

Capricornio - Piscis

Estos dos caracteres, extremadamente distintos el uno del otro, combinan bien sus elementos, es decir la Tierra con el Agua. Inicialmente, el Capricornio se enamora de la sensibilidad y del romanticismo del Piscis, pero a la larga precisamente esas dotes le chocarán al ser él tan práctico y realista. Puede nacer entre ellos una fuerte atracción física, un afecto profundo porque el Capricornio necesita la sonrisa radiante y la ternura del Piscis, pero le faltará el apoyo en la lucha de cada día. El Piscis intenta alejar el cansancio, los sacrificios, sólo admite los lados buenos de la existencia y se apoya totalmente en la pareja, fuerte, seria y capaz. A pesar de los numerosos roces, pueden establecer una unión constructiva y alcanzar por amor la comprensión recíproca.

Conquistas y abandonos

Cómo conquistar a un Capricornio

Si espera conquistarlo en un abrir y cerrar de ojos, se equivoca totalmente. Él se encuentra sobre lo alto de la montaña, sintiéndose perfectamente cómodo y no hace nada para que los demás puedan alcanzarlo. Si quiere acercarse a él, por lo tanto, tiene que armarse de voluntad y sobre todo de paciencia.

Él tiene miedo del amor y por ello se muestra muy distanciado, aunque en su corazón se siente feliz por el interés que le demuestra. Elogie su capacidad e integridad moral, no haga nunca preguntas indiscretas, espere que sea él el que le abra su corazón. Él sabrá apreciar la inteligencia, el saberlo escuchar; además, haga que la conquiste paso a paso y, cuando esté presente, haga que todos la admiren.

Cómo hacer que un Capricornio la deje

Si esa es su intención, será fácil realizarlo. Actúe contra sus principios, no sea puntual y verá que ya eso lo pone nervioso.

Vístase de forma extravagante y comenzarán las peleas, las críticas, de hecho él no soporta llamar la atención ajena con actitudes frívolas.

Critíquelo, sobre todo, diciéndole que no es inteligente, que no sabe divertirse, que está cansada de hablar siempre de sus trabajos. Y si quiere darle el golpe final, agóbielo con llamadas cuando sabe que no quiere que le molesten. No tardará en llegar el momento en el que le dirá: «Ya basta, se acabó».

Cómo conquistar a una Capricornio

No cree en el amor a primera vista, así que tendrá que armarse de paciencia. Muéstrese como su admirador, su sincero amigo y luego, cuando note que empieza a tener confianza en usted, déjele intuir que siente mucho más que pura amistad y que piense que sólo ella podría ser la compañera ideal para usted.

Sea puntual, llámela a menudo para tranquilizarla constantemente sobre sus sentimientos, disipando así su eterno miedo a las desilusiones. Busque el entendimiento intelectual, muy importante, pero déjele sus momentos de soledad, de los que no puede prescindir, y muéstrese sensible.

De esta forma, se convencerá de sus serias intenciones y de su amor y caerá como una manzana madura a sus pies.

Cómo hacer que una Capricornio le deje

Muéstrese inestable, voluble, un día trátela con cariño y otro manteniendo las distancias. Hágale muchas promesas y finja luego haberlas olvidado. Tardará poco en explotar criticándolo por ser una persona poco seria y en la que no se puede confiar.

Use la táctica de mostrarse ofendido y dígale que es dura con usted, que no le comprende, que es una persona que no sabe amar. Se sentirá profundamente ofendida y, orgullosa, se alejará de usted.

O también puede rodearla de efusiones amorosas en público: se sentirá ridícula. De hecho no quiere que los demás sepan nada sobre su vida privada.

Si desea realmente que le deje una mujer Capricornio es muy fácil: no correrá nunca tras usted, se esconderá enseguida en su caparazón.

La salud

La fibra del Capricornio es en general muy fuerte y resistente, por lo tanto, casi todos los Capricornio tienen una larga vida y su lucidez permanece invariable incluso en edades avanzadas porque nutren constantemente su mente.

Les gusta trabajar siempre, incluso cuando ya están retirados buscan una afición que les dé por lo menos grandes satisfacciones morales y que les llene los días. La vida está marcada por conceptos muy sanos, huyendo de cualquier tipo de exceso, lo que les proporciona una vida más longeva.

Las correspondencias patológicas del Capricornio son las rodillas, la piel, el sistema óseo, el esqueleto, los dientes y la oreja derecha; además, el signo pertenece al elemento Tierra, que corresponde al temperamento nervioso, que a su vez preside las funciones secretoras del cuerpo. El sistema nervioso es a menudo frágil, sobre todo si no se concede nunca el merecido descanso, convirtiéndose de esta forma en una presa fácil de los agotamientos nerviosos.

En el círculo zodiacal son tres los signos que pertenecen al elemento Tierra: Tauro, Virgo y Capricornio, pero cada uno de ellos se expresa de forma distinta. La Tierra del Capricornio no es estéril, aun representando el frío invierno; bajo ese manto gélido y blanco se prepara una nueva vida. Bajo el perfil biológico el signo expresa la resistencia del nativo, mientras psicológicamente se manifiesta a través de la perseverancia y la práctica.

Los Capricornio temen a las enfermedades, no por el dolor que podrían sufrir, sino por el miedo a no poder desarrollar las propias tareas con eficiencia, por la idea de no ser autosuficientes, de tener que apoyarse en los demás, algo que les molesta. Si se ponen enfermos, casi siempre los periodos son cortos, pero se vuelven insoportables porque no toleran la dependencia y además envidian a las personas que están sanas.

Entre las dolencias que pueden afectarles, no son raros los reumatismos, deformantes en casos graves pero en general crónicos, enfermedades del aparato digestivo y de la piel, cólicos biliares y renales. Patológicamente, Saturno acostumbra a tener complicaciones en el sistema óseo y sanguíneo, del tejido celular y de los músculos. Sufren sobre todo de enfermedades crónicas, pero se mantienen jóvenes durante bastante tiempo, y en la segunda parte de la vida el planeta dominante aporta todos sus propios lados positivos.

A causa de sus trastornos típicos necesitan mucho sol y en cambio se refugian muy a menudo en el frío de la alta montaña donde estarían muy bien siempre que se expusieran durante horas a los rayos solares; pero son inquietos y prefieren pasear por el bosque donde reina una cierta humedad nefasta para sus dolores. Debido a su temperamento nervioso, es difícil que consigan permanecer tranquilamente estirados disfrutando del sol. Quizá con la persona amada cerca, que les entretenga con algún diálogo interesante, lo harían.

Si son muy deportistas, tenderán a sufrir fracturas óseas, esguinces, torceduras y lesiones en las rodillas donde a menudo sufrirán de sinovitis y retenciones de líquidos. El sistema óseo constituye la parte más delicada de su cuerpo y por lo tanto la que más fácilmente se lesiona.

En el conjunto, los Capricornio pueden estar contentos de su estado de salud, sobre todo alegrarse de poder contar con una vida larga y con fuerzas físicas y psíquicas enormes.

Personajes famosos

Sobre las mujeres del Capricornio podemos hablar de Marlene Dietrich y de Liliana Cavani.

Marlene Dietrich, nacida el 27 de diciembre de 1902, imperecedera actriz, se hizo famosa en el mundo entero con la película titulada en España *El ángel azul*. En su horóscopo encontramos 5 planetas en Capricornio.

Liliana Cavani, nacida el 12 de enero de 1933, directora cinematográfica, ganó el premio Este y el León de Oro en el festival de Venecia. Su gran creatividad artística se la proporciona sobre todo Urano en la Quinta Casa; su fuerza explosiva se la otorga Marte en el Medio Cielo, mientras la fama internacional se la debe a Neptuno situado en la Novena Casa.

Sobre los hombres del signo Capricornio indicaremos a Pasteur, Schweitzer y Yogananda.

Louis Pasteur, nacido el 27 de diciembre de 1822, con 5 planetas en su signo, que forman todos un trígono con su Saturno natal, dedicó su vida a investigaciones para el bien de la humanidad; a él le debemos la vacuna contra el carbunco y la rabia.

Albert Schweitzer, nacido el 4 de enero de 1875, vivió también para el bien ajeno. Sol y Mercurio en conjunción, en trígono con Plutón y Venus en la Tercera Casa, formando trígono con Urano, determinaron su particular vida.

El gran yogui *Paramahansa Yogananda*, nació el 5 de enero de 1893; encarnación del amor, ha sido uno de los maestros espirituales más grandes.

Capricornio como Schweitzer y Yogananda han sabido destruir el plomo que encierra la parte divina de cada uno de nosotros y extraer el oro.

Otras personas pertenecientes al signo Capricornio son: Johannes Kepler (27 de diciembre de 1571), Isaac Newton (25 de diciembre de 1642), Benjamin Franklin (6 de enero de 1706), Konrad Adenauer (5 de enero de 1876), Giulio Andreotti (14 de enero de 1919), Federico Fellini (20 de enero de 1920), Ava Gardner (24 de diciembre de 1922), Martin Luther King (15 de enero de 1929).

Segunda parte

LA FICHA
ASTROLÓGICA PERSONAL

por *Chiara Bertrand*

Cómo construirse una ficha
astrológica personal

Ahora que ya hemos satisfecho las curiosidades relativas al propio signo zodiacal, proporcionaremos todas las indicaciones necesarias para construirse el horóscopo personal, además de noticias de carácter general sobre la astrología y el zodiaco. Esta parte permite, de hecho, completar la ficha personal de la página siguiente y el gráfico del tema natal de la pág. 49.

Ficha astrológica personal de ....
a rellenar a medida que se obtienen los datos según las instrucciones de las páginas siguientes.

Fecha de nacimiento .... Hora de nacimiento ....
Lugar de nacimiento .... Hora oficial estival: sí .... no .....
Hora de Greenwich .... Tiempo sideral del nacimiento ....

Ascendente : ....' en.............. Casa VII :........ en............
Casa 2 : .... en.............. Casa 8 :........ en............
Casa 3 : .... en.............. Casa 9 :........ en............
Casa IV : .... en.............. Medio Cielo :........ en............
Casa 5 : .... en.............. Casa 11 :........ en............
Casa 6 : .... en.............. Casa 12 :........ en............

Sol : ....' ....." en................. Casa..........................
Luna : ....' ....." en................. Casa..........................
Mercurio : ....' ....." en................. Casa..........................
Venus : ....' ....." en................. Casa..........................
Marte : ....' ....." en................. Casa..........................
Júpiter : ....' ....." en................. Casa..........................
Saturno : ....' ....." en................. Casa..........................
Urano : ....' ....." en................. Casa..........................
Neptuno : ....' ....." en................. Casa..........................
Plutón : ....' ....." en................. Casa..........................

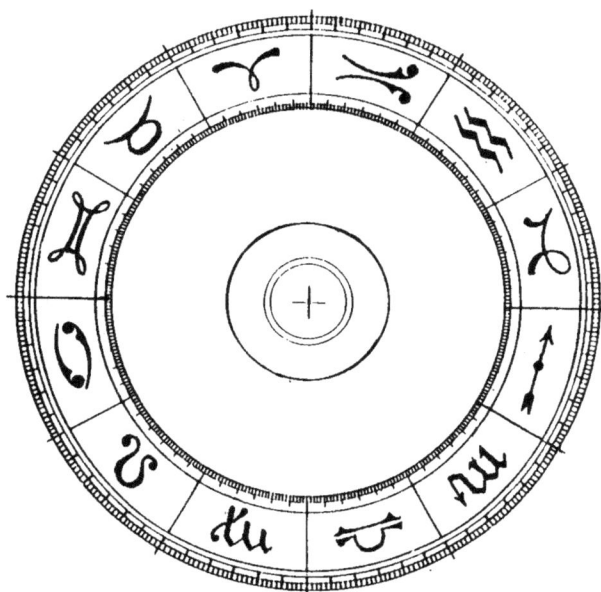

La astrología, que nació en tiempos remotos, consistía al principio en la observación de la bóveda celeste, del movimiento de los astros y de los fenómenos naturales relacionados con estos movimientos. La percepción de la armonía existente entre el cielo y la tierra llevó a creer que los astros tenían una influencia sobre las vivencias humanas, y se profundizó en el arte de obtener auspicios de las estrellas y de los planetas.

Los antiguos estudiosos idearon un sistema fijo que permitía observar el movimiento de los astros en relación con la Tierra: en el centro de este sistema se coloca el zodiaco, una banda celeste que corre paralela al ecuador siguiendo una circunferencia de 360. El zodiaco está subdividido en 12 sectores de 30 cada uno, los cuales a su vez toman el nombre de una de las 12 constelaciones localizadas en el cielo por nuestros antepasados. Hay que destacar que la correspondencia entre signo y constelación es simbólica, puesto que estas figuras celestes no coinciden perfectamente con el espacio de 30 asignado a cada signo zodiacal. El grado inicial de los 360 que componen el zodiaco, llamado punto vernal, corresponde al 21 de marzo, fecha del equinoccio de primavera, que abre el año zodiacal con Aries, el primero de los doce signos. La pertenencia a un determinado signo del zodiaco se basa en el camino aparente del Sol a lo largo de esta banda: el paso diario del Sol es de aproximadamente 1 y, por lo tanto, en el arco de un mes cubre los 30 de un signo zodiacal. En este movimiento, el Sol separa las estaciones que regulan los procesos vitales en la Tierra: tenemos que destacar que la correspondencia de cada signo con una determinada fase estacional, es muy importante para entender la sucesión de los signos y los respectivos valores astrológicos.

Como ya sabemos, para establecer a qué signo se pertenece es suficiente conocer el día de nacimiento; sin embargo, las fechas de inicio y de final de los distintos signos pueden variar con los años, puesto que a los 360 zodiacales corresponden 365 días de nuestro calendario: por este motivo, en este volumen se ha incluido la tabla con las fechas exactas de entrada del Sol en el signo zodiacal tratado.

La simbología de los signos zodiacales se encuentra en la base de la astrología, proporcionando un mapa para la lectura del cosmos y del corazón del hombre, que forma parte de este mecanismo universal armónico; las características de cada signo determinan el terreno expresivo para los planetas que de vez en cuando los ocupan. Si el signo solar es esencial para describir las características de base de la personalidad, para obtener un cuadro completo es necesario de hecho localizar las posiciones de los otros nueve planetas que, además del Sol, se mueven por la banda zodiacal. Se trata de: Luna, Mercurio, Venus, Marte, Júpiter, Saturno, Urano, Neptuno y Plutón. Unas tablas, llamadas efemérides, proporcionan la posición zodiacal exacta (expresada en grados) de cada planeta e incluso del Sol, para cada día del año. Según la distancia al Sol, cada planeta se mueve por el zodiaco con mayor o menor velocidad: es suficiente pensar que Mercurio realiza una vuelta completa por el zodiaco en aproximadamente un año, pero Júpiter tarda 12 años y Plutón 250 años. Para completar el tema del nacimiento, es necesario establecer además la posición de las 12 Casas astrológicas, como veremos con más detalle en el próximo capítulo.

El trabajo del astrólogo consiste, una vez realizada la redacción de la carta del cielo en el nacimiento, en analizar los elementos que la componen, vistos no como elementos separados, sino considerados en sus recíprocas interacciones: un trabajo delicado y complejo, que da resultados sorprendentes.

El ascendente y las 12 Casas

Para la construcción del tema natal es necesario realizar la domificación, es decir, encontrar la posición de las 12 Casas astrológicas que subdividen el esquema horoscópico en otros sectores, referido cada uno a un particular campo de experiencia característico de la existencia humana.

El ascendente delimita el primero de estos sectores (la I Casa) y tiene una importancia fundamental entre los factores astrales que caracterizan un horóscopo. El signo en el que se encuentra el ascendente es el que en el momento del nacimiento se levantaba en el horizonte y cambia según la hora y el lugar en que se produjo; sin conocer estos datos no es posible elaborar un horóscopo preciso y cuidado, que tiene que colocar cada planeta en una Casa bien precisa, para poder obtener las indicaciones sobre cómo se transfieren en la vida real las energías representadas por los planetas en los diferentes signos.

Para realizar la domificación, es necesario calcular el tiempo sideral de nacimiento (como explicaremos en el próximo capítulo), luego encontrar en las tablas de las Casas, la posición exacta de las Casas en el momento del nacimiento. Si lo que se pretende es encontrar sólo el signo en el que cae el ascendente, es posible seguir un procedimiento más sencillo, que hace que las personas que no tienen grandes conocimientos de astrología puedan conocer este importantísimo elemento astral.

De hecho, el ascendente puede definirse como el *punto de partida* de las posibilidades de desarrollo individual; describe a la persona en sus características más evidentes, en el comportamiento, en las reacciones instintivas, en las tendencias más naturales y manifiestas, e influye también en el aspecto físico. Muy a menudo, el individuo se reconoce más en las características del ascendente que en las del signo solar al que pertenece, o en los que están en contacto con él, le resultan más claras las características típicas del ascendente: esto sucede porque el ascendente es la imagen consciente que tenemos de nosotros mismos y que manifestamos a los demás.

El ascendente, además, al caracterizar la constitución física, proporciona informaciones muy interesantes en el plano de la salud, indicando los órganos y las partes del cuerpo más sujetas a trastornos y al tipo de estímulos a los que el individuo reacciona más rápidamente.

La presencia de los planetas en conjunción con el ascendente intensifica la personalidad, resaltando algunas de las características que adquieren de esta forma una evidencia particular: por ejemplo, encanto y amabilidad en el caso de Venus, agresividad y competitividad, en cambio, en el caso de Marte.

Una I Casa «ocupada» por muchos planetas refuerza la autonomía y el espíritu de afirmación, y proporciona la tendencia a imponer la propia personalidad sobre la de los demás.

Evidentemente, tiene una gran importancia la combinación signo-ascendente: en la tercera parte del volumen, en un capítulo especial, se agrupan todas las combinaciones relativas al signo tratado.

Cálculo del ascendente

Los datos necesarios para calcular el ascendente son: fecha, lugar y hora exacta de nacimiento (en el caso de que no se conozca la hora, se puede pedir en el registro la partida de nacimiento). Se acepta una aproximación de 15-20 minutos.

El procedimiento es sencillo, sólo con algunos cálculos se podrá obtener la posición del ascendente con cierta precisión.

Pongamos un ejemplo con un nacimiento que tuvo lugar en Burgos, el 15 de junio de 1970 a las 17 h 30 min hora oficial.

1. La primera operación que se debe hacer siempre será consultar la tabla de la pág. 55, para ver si en ese momento había alguna alteración horaria con respecto a la hora de Greenwich (que es la referencia horaria mundial y la meridiano patrón para España). En el caso de este ejemplo, había una diferencia de una hora y por ello es necesario restar una hora de la hora de nacimiento. Por lo tanto tendremos: 17 h 30 min - 1 h (huso horario) = 16 h 30 min.

En cambio, en el caso de no haber hora de verano, como se la llama generalmente, no se deberá restar nada; pero si en cambio hay dos horas de diferencia con la hora oficial, entonces habrá que restar dos horas.

2. El resultado que se obtiene se suma a la hora sideral, que se puede localizar en la tabla de la pág. 57. La hora sideral para la fecha tomada como ejemplo es 17 h 31 min por lo tanto: 16 h 30 min + 17 h 31 min = 33 h 61 min. Pero este resultado precisa una corrección: de hecho, es necesario recordar que estamos realizando operaciones sexagesimales (es decir, estamos sumando horas, minutos y segundos).

Los minutos no pueden superar los 60, que es el número de minutos que hay en una hora.

Por lo tanto, el resultado se tiene que modificar transportando estos 60 minutos a la izquierda, transformándolos en 1 hora y dejando invariable el número de minutos restantes. Corregido de esta forma, el resultado originario de 33 h 61 min se ha convertido en 34 h 01 min.

3. A continuación, para llegar hasta la definición exacta del tiempo sideral de nacimiento, es necesario sumar al resultado obtenido la longitud traducida en tiempo relativa al lugar de nacimiento. La tabla de la pág. 58 proporciona la longitud en tiempo para las principales ciudades españolas: En el caso de Burgos tenemos que restar 0 h 14 min 49 s. Podemos quitar los segundos para facilitar el procedimiento, ya que no altera prácticamente el resultado.

Para poder restar los minutos, debemos transformar una hora en minutos. Quedará así: 34 h 01 min = 33 h 61 min; 33 h 61 min – 0 h 14 min = 33 h 47 min.

Puesto que el resultado supera las 24 horas que tiene un día, es necesario restar 24. Quedará así: 33 h 47 min – 24 = 9 h 47 min, que indica el tiempo sideral de nacimiento.

4. Después de obtener, finalmente, este dato, sólo tendremos que consultar la tabla de la pág. 54 para descubrir en qué signo se encuentra el ascendente: en el caso que hemos tomado como ejemplo, el ascendente se encuentra en el signo del Escorpio.

Para resumir el procedimiento que hay que seguir, lo presentamos en este esquema, que puede ser útil para realizar el cálculo del propio ascendente.

....	−	HORA DE NACIMIENTO	−	
1.00	=	1 HORA DE HUSO	= (en caso necesario hay	

.... − HORA DE NACIMIENTO −
1.00 = 1 HORA DE HUSO = (en caso necesario hay
——————————————————————————— que restar 2 horas)

.... + HORA DE GREENWICH +
.... = HORA SIDERAL (tabla de la pág. 57) =
——————————————————————————————————

.... + RESULTADO +
.... = LONGITUD EN TIEMPO
        (tabla de la pág. 58) =
——————————————————————————————————

.... TIEMPO SIDERAL DE NACIMIENTO

TIEMPO SIDERAL DE NACIMIENTO = ...
ASCENDENTE (tabla en esta página) = ...

N.B. Al hacer los cálculos, hay que recordar siempre que se debe verificar que los minutos no superen los 60 y las horas no superen las 24 y realizar las oportunas correcciones como muestra el ejemplo. También se pueden efectuar las correcciones al final del cálculo todas juntas.

BUSQUE AQUÍ SU ASCENDENTE

de 0.35' a 3.17' .... ascendente en Leo
de 3.18' a 6.00' .... ascendente en Virgo
de 6.01' a 8.43' .... ascendente en Libra
de 8.44' a 11.25' .... ascendente en Escorpio
de 11.26' a 13.53' .... ascendente en Sagitario
de 13.54' a 15,43' .... ascendente en Capricornio
de 15.44' a 17.00' .... ascendente en Acuario
de 17.01' a 18.00' .... ascendente en Piscis
de 18.01' a 18.59' .... ascendente en Aries
de 19.00' a 20.17' .... ascendente en Tauro
de 20.18' a 22.08' .... ascendente en Géminis
de 22.09' a 0.34' .... ascendente en Cáncer

TABLA DE LA HORA OFICIAL EN ESPAÑA

Desde el 1. de enero de 1901, en España rige la hora del Meridiano de Greenwich (0 00'). El 15 de abril de 1918, se introduce por primera vez la llamada *hora de verano*. Hasta esa fecha no se produce ningún cambio en la hora legal.

Año	Fecha	Hora	Modificación	Fecha	Hora	Modificación
1918	15 abril	23.00	adelanto 1 hora	6 octubre	24.00	restablecimiento hora normal
1919	6 abril	23.00	adelanto 1 hora	6 octubre	24.00	restablecimiento hora normal
1920 a 1923, rige la hora legal sin ningún cambio						
1924	16 abril	23.00	adelanto 1 hora	4 octubre	24.00	restablecimiento hora normal
1925	rige la hora legal sin ningún cambio					
1926	17 abril	23.00	adelanto 1 hora	2 octubre	24.00	restablecimiento hora normal
1927	9 abril	23.00	adelanto 1 hora	1 octubre	24.00	restablecimiento hora normal
1928	14 abril	23.00	adelanto 1 hora	6 octubre	24.00	restablecimiento hora normal
1929	20 abril	23.00	adelanto 1 hora	6 octubre	24.00	restablecimiento hora normal
1930 a 1936, rige la hora legal sin ningún cambio						
1937	16 junio	23.00	adelanto 1 hora	6 octubre	24.00	restablec. hora normal (Z. R.)
1937	22 mayo	23.00	adelanto 1 hora	2 octubre	24.00	restablec. hora normal (Z. N.)
1938	2 abril	23.00				
	30 abril	23.00	adelanto otra hora	2 octubre	24.00	se suprime 1 hora. Queda otra de adelanto (Z. R.)
1938	26 marzo	23.00	adelanto 1 hora	1 octubre	24.00	restablec. hora normal (Z. N.)
1939	hasta el 1 de abril en que se restablece el horario normal, rige 1 hora de adelanto (Z. R.)					
1939	15 abril	23.00	adelanto 1 hora	7 octubre	24.00	restablec. hora normal (Z. N.)
1940	16 marzo	23.00	se adelanta permanentemente, hasta hoy, 1 hora			
1942	2 mayo	23.00	adelanto 1 hora (total 2)	1 sept.	24.00	se suprime 1 h. Queda 1 h de adelanto
1943	17 abril	23.00	adelanto 1 hora (total 2)	2 octubre	24.00	se suprime 1 h. Queda 1 h de adelanto
1944	15 abril	23.00	adelanto 1 hora (total 2)	1 octubre	24.00	se suprime 1 h. Queda 1 h de adelanto
1945	14 abril	23.00	adelanto 1 hora (total 2)	30 sept.	24.00	se suprime 1 h. Queda otra de adelanto
1946	13 abril	23.00	adelanto 1 hora (total 2)	28 sept.	24.00	se suprime 1 h. Queda otra de adelanto
1949	30 abril	23.00	adelanto 1 hora (total 2)	2 octubre	24.00	se suprime 1 h. Queda 1 h de adelanto (hasta 1974)
1974	13 abril	23.00	adelanto 1 hora (total 2)	6 octubre	1.00	se suprime 1 h. Queda 1 h de adelanto
1975	12 abril	23.00	adelanto 1 hora (total 2)	4 octubre	24.00	se suprime 1 h. Queda 1 h de adelanto
1976	27 marzo	23.00	adelanto 1 hora (total 2)	25 sept.	24.00	se suprime 1 h. Queda 1 h de adelanto

Z. R., zona republicana. Z. N., zona nacional.

1977	2 abril	23.00	adelanto 1 hora (total 2)	24 sept.	24.00	se suprime 1 h. Queda 1 h de adelanto
1978	2 abril	23.00	adelanto 1 hora (total 2)	1 octubre	3.00	se suprime 1 h. Queda 1 h de adelanto
1979	1 abril	2.00	adelanto 1 hora (total 2)	30 sept.	3.00	se suprime 1 h. Queda 1 h de adelanto
1980	6 abril	2.00	adelanto 1 hora (total 2)	28 sept.	3.00	se suprime 1 h. Queda 1 h de adelanto
1981	29 marzo	2.00	adelanto 1 hora (total 2)	27 sept.	3.00	se suprime 1 h. Queda 1 h de adelanto
1982	28 marzo	2.00	adelanto 1 hora (total 2)	26 sept.	3.00	se suprime 1 h. Queda 1 h de adelanto
1983	27 marzo	2.00	adelanto 1 hora (total 2)	25 sept.	3.00	se suprime 1 h. Queda 1 h de adelanto
1984	24 marzo	2.00	adelanto 1 hora (total 2)	30 sept.	3.00	se suprime 1 h. Queda 1 h de adelanto
1985	31 marzo	2.00	adelanto 1 hora (total 2)	29 sept.	3.00	se suprime 1 h. Queda 1 h de adelanto
1986	23 marzo	3.00	adelanto 1 hora (total 2)	28 sept.	3.00	se suprime 1 h. Queda 1 h de adelanto
1987	22 marzo	3.00	adelanto 1 hora (total 2)	27 sept.	3.00	se suprime 1 h. Queda 1 h de adelanto
1988	19 marzo	3.00	adelanto 1 hora (total 2)	24 sept.	3.00	se suprime 1 h. Queda 1 h de adelanto
1989	19 marzo	3.00	adelanto 1 hora (total 2)	23 sept.	3.00	se suprime 1 h. Queda 1 h de adelanto
1990	17 marzo	3.00	adelanto 1 hora (total 2)	23 sept.	3.00	se suprime 1 h. Queda 1 h de adelanto
1991	17 marzo	3.00	adelanto 1 hora (total 2)	27 sept.	3.00	se suprime 1 h. Queda 1 h de adelanto
1992	14 marzo	3.00	adelanto 1 hora (total 2)	27 sept.	3.00	se suprime 1 h. Queda 1 h de adelanto
1993	20 marzo	3.00	adelanto 1 hora (total 2)	26 sept.	3.00	se suprime 1 h. Queda 1 h de adelanto
1994	20 marzo	3.00	adelanto 1 hora (total 2)	25 sept.	3.00	se suprime 1 h. Queda 1 h de adelanto
1995	26 marzo	3.00	adelanto 1 hora (total 2)	24 sept.	3.00	se suprime 1 h. Queda 1 h de adelanto
1996	24 marzo	3.00	adelanto 1 hora (total 2)	22 sept.	3.00	se suprime 1 h. Queda 1 h de adelanto
1997	23 marzo	3.00	adelanto 1 hora (total 2)	28 sept.	3.00	se suprime 1 h. Queda 1 h de adelanto
1998	22 marzo	3.00	adelanto 1 hora (total 2)	27 sept.	3.00	se suprime 1 h. Queda 1 h de adelanto
1999	21 marzo	3.00	adelanto 1 hora (total 2)	26 sept.	3.00	se suprime 1 h. Queda 1 h de adelanto
2000	25 marzo	2.00	adelanto 1 hora (total 2)	24 sept.	3.00	se suprime 1 h. Queda 1 h de adelanto
2001	25 marzo	2.00	adelanto 1 hora (total 2)	23 sept.	3.00	se suprime 1 h. Queda 1 h de adelanto
2002	31 marzo	2.00	adelanto 1 hora (total 2)	27 oct.	3.00	se suprime 1 h. Queda 1 h de adelanto
2003	30 marzo	2.00	adelanto 1 hora (total 2)	26 oct.	3.00	se suprime 1 h. Queda 1 h de adelanto
2004	28 marzo	2.00	adelanto 1 hora (total 2)	31 oct.	3.00	se suprime 1 h. Queda 1 h de adelanto
2005	27 marzo	2.00	adelanto 1 hora (total 2)	30 oct.	3.00	se suprime 1 h. Queda 1 h de adelanto
2006	26 marzo	2.00	adelanto 1 hora (total 2)	29 oct.	3.00	se suprime 1 h. Queda 1 h de adelanto
2007	26 marzo	2.00	adelanto 1 hora (total 2)	28 oct.	3.00	se suprime 1 h. Queda 1 h de adelanto
2008	30 marzo	2.00	adelanto 1 hora (total 2)	25 oct.	3.00	se suprime 1 h. Queda 1 h de adelanto

En las islas Canarias, desde el 1 de marzo de 1922, a las 00.00 horas, rige el horario del Meridiano 15 Oeste.

Día	En.	Feb.	Mar.	Abr.	May.	Jun.	Jul.	Ag.	Sept.	Oct.	Nov.	Dic.
					TABLA PARA LA BÚSQUEDA DE LA HORA SIDERAL							
1	6.36	8.38	10.33	12.36	14.33	16.36	18.34	20.37	22.39	0.37	2.39	4.38
2	6.40	8.42	10.37	12.40	14.37	16.40	18.38	20.41	22.43	0.41	2.43	4.42
3	6.44	8.46	10.40	12.44	14.41	16.43	18.42	20.45	22.47	0.45	2.47	4.46
4	6.48	8.50	10.44	12.48	14.45	16.47	18.46	20.49	22.51	049	2.51	4.50
5	6.52	8.54	10.48	12.52	14.49	16.51	18.50	20.53	22.55	0.53	2.55	4.54
6	6.56	8.58	10.52	12.55	14.53	16.55	18.54	20.57	22.59	0.57	2.59	4.57
7	7.00	9.02	10.56	12.58	14.57	16.59	18.58	21.00	23.03	1.01	3.03	5.01
8	7.04	9.06	11.00	13.02	15.01	17.03	19.02	21.04	23.07	1.05	3.07	5.05
9	7.08	9.10	11.04	13.06	15.05	17.07	19.06	21.08	23.11	1.09	3.11	5.09
10	7.12	9.14	11.08	13.10	15.09	17.11	19.10	21.12	23.14	1.13	3.15	5.13
11	7.15	9.18	11.12	13.15	15.13	17.15	19.14	21.16	23.18	1.17	3.19	5.17
12	7.19	9.22	11.16	13.18	15.17	17.19	19.18	21.20	23.22	1.21	3.23	5.21
13	7.23	9.26	11.20	13.22	15.21	17.23	19.22	21.24	23.26	1.25	3.27	5.25
14	7.27	9.30	11.24	13.26	15.24	17.27	19.26	21.28	23.30	1.29	3.31	5.29
15	7.31	9.33	11.28	13.30	15.28	17.31	19.30	21.32	23.34	1.32	3.35	5.33
16	7.35	9.37	11.32	13.34	15.32	17.34	19.34	21.36	23.38	1.36	3.39	5.37
17	7.39	9.41	11.36	13.38	15.36	17.38	19.38	21.40	23.42	1.40	3.43	5.41
18	7.43	9.45	11.40	13.42	15.40	17.42	19.42	21.44	23.46	1.44	3.47	5.45
19	7.47	9.49	11.44	13.46	15.44	17.46	19.46	21.48	23.50	1.48	3.50	5.49
20	7.51	9.53	11.48	13.50	15.48	17.50	19.49	21.52	23.54	1.52	3.54	5.53
21	7.55	9.57	11.52	13.54	15.52	17.54	19.53	21.56	23.58	1.56	3.58	5.57
22	7.59	10.01	11.55	13.58	15.56	17.58	19.57	22.00	0.02	2.00	4.02	6.01
23	8.03	10.05	11.58	14.02	16.00	18.02	20.02	22.04	0.06	2.04	4.06	6.05
24	8.07	10.09	12.02	14.06	16.04	18.06	20.06	22.08	0.10	2.06	4.10	6.09
25	8.11	10.13	12.06	14.10	16.08	18.10	20.10	22.12	0.14	2.12	4.14	6.13
26	8.15	10.17	12.10	14.14	16.12	18.14	20.14	22.16	0.18	2.16	4.18	6.17
27	8.19	10.21	12.14	14.18	16.16	18.18	20.18	22.20	0.23	2.20	4.22	6.21
28	8.23	10.25	12.18	14.22	16.20	18.22	20.22	22.24	0.26	2.24	4.26	6.24
29	8.26	10.29	12.22	14.26	16.24	18.26	20.26	22.27	0.30	2.28	4.30	6.28
30	8.30		12.26	14.29	16.28	18.30	20.30	22.31	0.34	2.32	4.34	6.32
31	8.34		12.30		16.32		20.33	22.35		2.36		6.36

TABLA DE COORDENADAS DE LAS PRINCIPALES CIUDADES DE ESPAÑA

Ciudad	Latitud	Longitud	Ciudad	Latitud	Longitud
ALBACETE	39° 00'	− 7' 25"	LINARES	38° 06'	− 14' 32"
ALCUDIA	39° 52'	+ 11' 36"	LOGROÑO	42° 28'	− 9' 47"
ALGECIRAS	36° 09'	− 21' 52"	LORCA	37° 41'	− 6' 48"
ALICANTE	38° 20'	− 1' 56"	LUGO	43° 01'	− 30' 14"
ALMERÍA	36° 50'	− 9' 52"	MADRID	40° 24'	− 14' 44"
ANDORRA			MAHÓN	39° 50'	+ 17' 12"
LA VELLA	42° 30'	+ 6' 00"	MÁLAGA	36° 43'	− 17' 41"
ÁVILA	40° 39'	− 18' 47"	MANACOR	39° 34'	+ 12' 53"
BADAJOZ	38° 53'	− 27' 53"	MANRESA	41° 44'	+ 7' 20"
BARCELONA	41° 23'	+ 8' 44"	MARBELLA	36° 30'	− 19' 36"
BILBAO	43° 15'	− 11' 42"	MIERES	43° 15'	− 23' 04"
BURGOS	42° 20'	− 14' 49"	MURCIA	37° 59'	− 4' 31"
CÁCERES	39° 28'	− 25' 29"	ORENSE	42° 20'	− 31' 27"
CADAQUÉS	42° 17'	+ 13' 08"	OVIEDO	43° 22'	− 23' 22"
CÁDIZ	36° 32'	− 25' 11"	PALENCIA	42° 00'	− 18' 08"
CALATAYUD	41° 20'	− 6' 40"	P. MALLORCA	39° 34'	+ 10' 36"
CARTAGENA	37° 38'	− 3' 55"	PAMPLONA	42° 49'	− 6' 36"
CASTELLÓN	39° 50'	− 0' 09"	PLASENCIA	40° 03'	− 24' 32"
CIUDAD REAL	38° 59'	− 15' 43"	PONFERRADA	42° 33'	− 26' 20"
C. RODRIGO	40° 36'	− 26' 08"	PONTEVEDRA	42° 26'	− 34' 35"
CÓRDOBA	37° 53'	− 19' 07"	SALAMANCA	40° 57'	− 22' 40"
CORUÑA	43° 23'	− 33' 34"	SAN SEBATIÁN	43° 19'	− 7' 56"
CUENCA	40° 04'	− 8' 32"	STA. CRUZ DE		
ÉIBAR	43° 11'	− 11' 52"	TENERIFE	28° 28'	− 1h 5' 57"
ELCHE	38° 15'	− 2' 48"	SANTIAGO DE		
FRAGA	41° 32'	− 1' 24"	COMPOSTELA	42° 52'	− 34' 12"
FUERTEVENTURA	28° 30'	− 56' 00"	SANTANDER	43° 28'	− 15' 13"
GERONA	41° 59'	+ 11' 18"	SEGOVIA	40° 57'	− 16' 30"
GIJÓN	43° 32'	− 22' 48"	SEVILLA	37° 23'	− 23' 58"
GOMERA	28° 10'	− 1h 08 ' 20"	SORIA	41° 46'	− 9' 52"
GRANADA	37° 11'	− 14' 24"	TARRAGONA	41° 07'	+ 5' 02"
GUADALAJARA	40° 38'	− 12' 39"	TERUEL	40° 20'	− 4' 26"
HIERRO	27° 57'	− 1h 11' 44"	TOLEDO	39° 51'	− 16' 05"
HUELVA	37° 16'	− 27' 47"	TORTOSA	40° 49'	+ 2' 04"
HUESCA	42° 08'	− 1' 38"	TUDELA	42° 04'	− 6' 24"
IBIZA	38° 54'	+ 5' 44"	VALENCIA	39° 28'	− 1' 30"
JAÉN	37° 46'	− 15' 09"	VALLADOLID	41° 39'	− 18' 53"
LA PALMA	25° 40'	− 1h 11' 20"	VIELLA	42° 42'	+ 3' 16"
LANZAROTE	29° 00'	− 54' 40"	VIGO	42° 18'	− 34' 44"
LAS PALMAS G.C.	28° 06'	− 1 h 01' 40"	VITORIA	42° 51'	− 10' 42"
LEÓN	42° 36'	− 22' 16"	ZAMORA	41° 30'	− 23' 01"
LÉRIDA	41° 37'	+ 2' 30"	ZARAGOZA	41° 34'	− 3' 31"

La carta astral de nacimiento

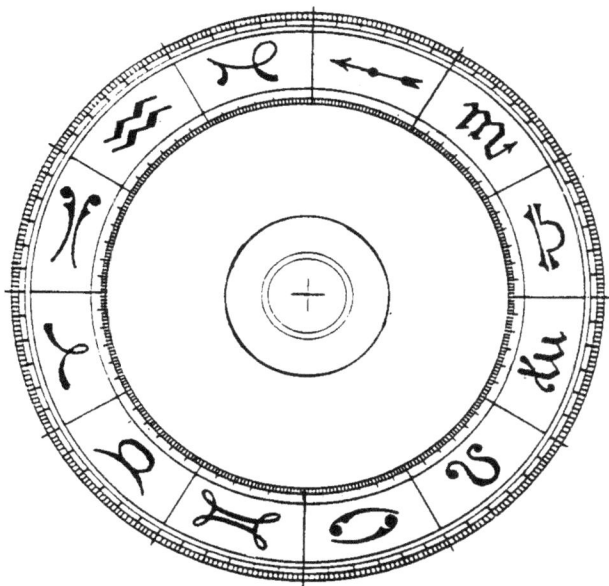

Fig. 1

El tema natal u horóscopo de nacimiento, consiste en representar mediante una gráfica, el cielo tal como se presentaba en el momento del nacimiento de una persona. El gráfico en blanco representa un círculo que a lo largo de la circunferencia muestra las 12 subdivisiones, de 30 cada una, de los signos del zodiaco (véase fig. 1).

Como vemos, los signos están representados mediante un símbolo particular llamado glifo: es necesario aprender a reconocer estos símbolos puesto que en todos los cuadros y las tablas utilizadas en astrología, los signos están indicados sólo mediante estas figuras.

ARIES ♈	LIBRA ♎
TAURO ♉	ESCORPIO ♏
GÉMINIS ♊	SAGITARIO ♐
CÁNCER ♋	CAPRICORNIO ♑
LEO ♌	ACUARIO ♒
VIRGO ♍	PISCIS ♓

Los datos necesarios para la redacción del tema natal son siempre: fecha, hora y lugar de nacimiento. Lo primero que se calcula es el ascendente, como se explica en el capítulo anterior; luego se realiza la domificación completa, que como recordamos consiste en la subdivisión del gráfico zodiacal en 12 sectores (las Casas), de las que el ascendente delimita el primer sector. Algo todavía más importante es que el ascendente representa uno de los cuatro puntos cardinales del tema: el oriente, puesto que se levanta en el horizonte en el momento del nacimiento. Diametralmente opuesto al ascendente es el descendente, que representa el ocaso y señala la VII Casa. El ascendente y el descendente forman un eje que delimita la línea del horizonte y subdivide el gráfico en dos partes iguales: la superior es el sector diurno del tema, y una concentración de planetas en esta parte señala una personalidad independiente, preparada para salir a la luz, para manifestarse en la vida exterior.

La mitad del gráfico que queda colocada bajo la línea del horizonte representa el sector nocturno del tema, y una prevalencia de planetas en este sector predispone a una mayor introversión, a una vida interior rica.

Recordamos que, de la misma forma que siguiendo la banda zodiacal la sucesión de los signos sigue un único sentido antihorario, también en la carta del cielo el ascendente se coloca siempre a la izquierda del gráfico, haciendo girar el círculo hasta que se encuentra en la posición correcta (véase fig. 2).

El punto más elevado del gráfico zodiacal es el Medio Cielo, que corresponde al sur del tema, que señala la X Casa: El Medio Cielo representa la realización del individuo, su proceder en la vida de forma autónoma. Opuesto al Medio Cielo se encuentra el Profundo Cielo, el norte del tema, que indica la IV Casa: los orígenes, el hogar y las raíces del individuo.

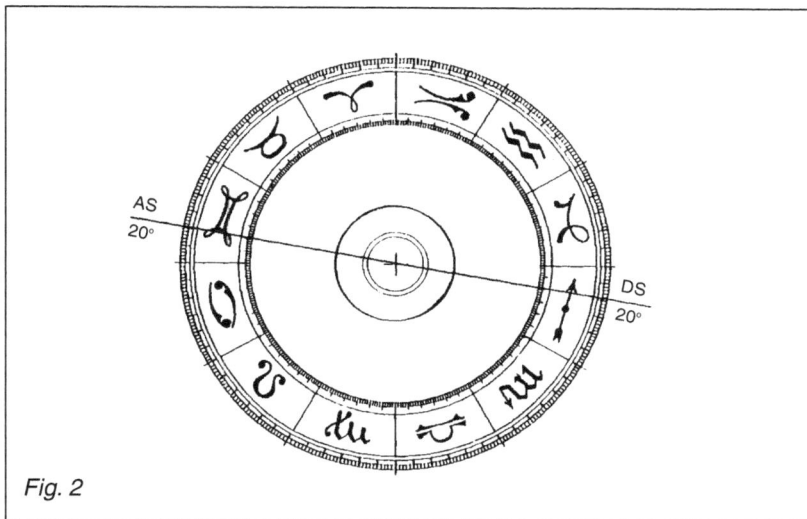

Fig. 2

El eje Medio Cielo - Profundo Cielo divide verticalmente el gráfico en dos partes iguales: la izquierda, si está reforzada por la presencia de muchos planetas, es señal de individualismo; si los planetas están dispuestos en mayoría en la mitad de la derecha, denotan mayor generosidad, extroversión y necesidad de los demás (véase fig. 3).

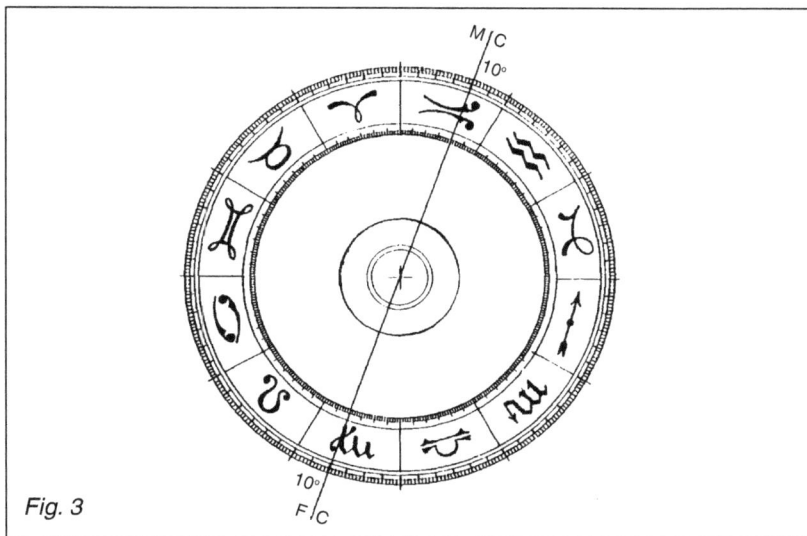

Fig. 3

Para efectuar la domificación, cuando ya dispongamos del tiempo sideral de nacimiento, es necesario disponer de una tabla de las Casas, un librito que muestra todas las posiciones de las Casas para las distintas latitudes geográficas[1]. Además, es necesario conocer la latitud del lugar de nacimiento, localizable en muchos manuales de astrología (escoger el de la propia capital de provincia). Para proseguir con el ejemplo anterior, será suficiente saber que la latitud de Burgos es de 42 06'. El tiempo sideral de nacimiento calculado en el capítulo anterior era de 9 h 47 min. Por comodidad se habían omitido los segundos: pero ahora hay que ser más precisos; por lo tanto, es necesario completar el cálculo indicando los segundos, que nos había proporcionado la longitud en tiempo. El tiempo sideral exacto será por lo tanto 9 h 47 min 49 s. El cuadro de la página 63 reproduce una página de las tablas de las Casas, para la latitud más cercana, entre las disponibles, a la latitud de Burgos (42 20').

En la columna titulada «Sidereal Time» se tiene que buscar el tiempo sideral más cercano al que examinamos (9 h 47 min 49 s). En este caso el tiempo sideral más cercano es de 9 h 49 min 09 s. (Estas pequeñas diferencias no deben preocuparnos: no siempre se encuentra un tiempo sideral idéntico al que se necesita, pero la diferencia es siempre mínima y no altera el resultado.)

Las siguientes columnas se titulan 10, 11, 12, ascend., 2, 3. Estas son las Casas cuya posición proporciona la tabla. Debajo del título se muestra el símbolo del signo en el que cada Casa cae respectivamente: se tiene que prestar particular atención a estos símbolos, que pueden variar incluso a lo largo de la columna cuando pasa los 30 . Los números indicados en las columnas señalan los grados del signo en el que cae la Casa. Después de localizar el tiempo sideral necesario, sobre la misma línea se encuentran las posiciones de las Casas. Para el ejemplo en cuestión se tiene:

10 Casa (Medio Cielo):	25	Leo
11 Casa:	27	Virgo
12 Casa:	23	Libra
Ascend (I Casa):	14 16'	Escorpio
2 Casa:	14	Sagitario
3 Casa:	18	Capricornio

1. Las ediciones que se encuentran más fácilmente son: *Raphael's Tables of Houses*; Chacornac, *Tables des Maisons*, Ed. Traditionnelles, París; *A-P Tables of Houses*, *The Aries Press*, Chicago; Ciro Discepolo, *Le Tavole delle Case*, Ed. Armenia.

TABLAS DE LAS CASAS — latitud 42° 42′ N

Panel 1

Tiempo sideral (H M S)	10 ♈	11 ♉	12 ♊	Ascend. ♋	2 ♌	3 ♍
0 0 0	0	7	16	20 10	9	1
0 3 40	1	8	17	20 55	10	2
0 7 20	2	9	18	21 39	11	3
0 11 0	3	10	19	22 23	12	4
0 14 41	4	11	20	23 7	12	5
0 18 21	5	12	21	23 51	13	6
0 22 2	6	13	22	24 35	14	7
0 25 42	7	14	23	25 19	15	7
0 29 23	8	15	24	26 2	15	8
0 33 4	9	16	24	26 46	16	9
0 36 45	10	17	25	27 29	17	10
0 40 26	11	18	26	28 13	18	11
0 44 8	12	19	27	28 57	18	12
0 47 50	13	20	28	29 41	19	13
0 51 32	14	21	29	0♌ 24	20	14
0 55 14	15	22	30	1 7	21	14
0 58 57	16	23	♋	1 51	21	15
1 2 40	17	24	1	2 34	22	16
1 6 23	18	25	2	3 17	23	17
1 10 7	19	26	3	4 1	24	18
1 13 51	20	27	4	4 44	25	19
1 17 35	21	28	5	5 28	25	20
1 21 20	22	29	6	6 12	26	21
1 25 6	23	♊	6	6 55	27	22
1 28 52	24	1	7	7 39	28	23
1 32 38	25	2	8	8 23	29	23
1 36 25	26	3	9	9 6	29	24
1 40 12	27	4	10	9 50	♍	25
1 44 0	28	5	11	10 34	1	26
1 47 48	29	6	11	11 18	2	27
1 51 37	30	7	12	12 2	3	28

Panel 2

Tiempo sideral (H M S)	10 ♉	11 ♊	12 ♋	Ascend. ♌	2 ♍	3 ♎
1 51 37	0	7	12	12 2	3	28
1 55 27	1	8	13	12 47	3	29
1 59 17	2	9	14	13 31	4	♎
2 3 8	3	10	15	14 15	5	1
2 6 59	4	11	15	14 59	6	2
2 10 51	5	12	16	15 44	7	3
2 14 44	6	13	17	16 28	7	3
2 18 37	7	14	18	17 13	8	4
2 22 31	8	15	19	17 58	9	5
2 26 25	9	15	20	18 43	10	6
2 30 20	10	16	20	19 29	11	7
2 34 16	11	17	21	20 14	12	8
2 38 13	12	18	22	20 59	12	9
2 42 10	13	19	23	21 44	13	10
2 46 8	14	20	24	22 30	14	11
2 50 7	15	21	25	23 16	15	12
2 54 7	16	22	25	24 2	16	13
2 58 7	17	23	26	24 48	17	14
3 2 8	18	24	27	25 35	18	15
3 6 9	19	25	28	26 21	18	16
3 10 12	20	26	29	27 7	19	17
3 14 15	21	27	♌	27 54	20	18
3 18 19	22	28	1	28 41	21	19
3 22 23	23	29	2	29 28	22	20
3 26 29	24	30	2	0♍ 15	23	21
3 30 35	25	♋	3	1 3	24	22
3 34 41	26	1	4	1 50	25	23
3 38 49	27	2	5	2 38	25	24
3 42 57	28	3	6	3 25	26	24
3 47 6	29	4	7	4 13	27	25
3 51 15	30	5	7	5 1	28	26

Panel 3

Tiempo sideral (H M S)	10 ♊	11 ♋	12 ♌	Ascend. ♍	2 ♎	3 ♏
3 51 15	0	5	7	5 1	28	26
3 55 25	1	6	8	5 50	29	27
3 59 36	2	7	9	6 39	♎	28
4 3 48	3	8	10	7 27	1	29
4 8 0	4	9	11	8 16	2	♏
4 12 13	5	10	12	9 4	3	1
4 16 26	6	11	13	9 53	3	2
4 20 40	7	12	14	10 42	4	3
4 24 55	8	13	15	11 31	5	4
4 29 10	9	14	15	12 21	6	5
4 33 26	10	15	16	13 11	7	6
4 37 42	11	16	17	14 0	8	7
4 41 59	12	17	18	14 50	9	8
4 46 16	13	18	19	15 40	10	9
4 50 34	14	19	20	16 30	11	10
4 54 52	15	20	21	17 20	12	11
4 59 10	16	20	22	18 10	13	12
5 3 29	17	21	22	19 0	14	13
5 7 49	18	22	23	19 50	15	14
5 12 9	19	23	24	20 41	15	15
5 16 29	20	24	25	21 32	16	16
5 20 49	21	25	26	22 22	17	17
5 25 9	22	26	27	23 13	18	18
5 29 30	23	27	28	24 4	19	19
5 33 51	24	28	29	24 55	20	20
5 38 12	25	29	♍	25 45	21	21
5 42 34	26	♌	1	26 36	22	22
5 46 55	27	1	2	27 27	23	23
5 51 17	28	2	2	28 18	24	24
5 55 38	29	3	3	29 9	25	25
6 0 0	30	4	4	30 0	26	26

Panel 4

Tiempo sideral (H M S)	10 ♋	11 ♌	12 ♍	Ascend. ♎	2 ♏	3 ♐
6 0 0	0	4	4	0 26	26	26
6 4 22	1	5	5	0 51	27	27
6 8 43	2	6	6	1 42	28	28
6 13 5	3	7	7	2 33	28	29
6 17 26	4	8	8	3 24	29	♐
6 21 48	5	9	9	4 15	♏	1
6 26 9	6	10	10	5 5	1	2
6 30 30	7	11	11	5 56	2	3
6 34 51	8	12	12	6 47	3	4
6 39 11	9	13	13	7 38	4	5
6 43 31	10	14	14	8 28	5	6
6 47 51	11	15	15	9 19	6	7
6 52 11	12	16	15	10 9	7	8
6 56 31	13	17	16	11 0	8	9
7 0 50	14	18	17	11 50	8	10
7 5 8	15	19	18	12 40	9	10
7 9 26	16	20	19	13 30	10	11
7 13 44	17	21	20	14 20	11	12
7 18 1	18	22	21	15 10	12	13
7 22 18	19	23	22	16 0	14	14
7 26 34	20	24	23	16 49	14	15
7 30 50	21	25	24	17 39	15	16
7 35 5	22	26	25	18 29	15	17
7 39 20	23	27	26	19 18	16	18
7 43 34	24	28	27	20 7	17	18
7 47 47	25	29	27	20 56	18	20
7 52 0	26	♍	28	21 44	19	21
7 56 12	27	1	29	22 33	20	22
8 0 24	28	2	♎	23 21	21	23
8 4 35	29	3	1	24 10	22	24
8 8 45	30	4	2	24 59	23	25

Panel 5

Tiempo sideral (H M S)	10 ♌	11 ♍	12 ♎	Ascend. ♏	2 ♐	3 ♑
8 8 45	0	4	2	24 59	23	25
8 12 54	1	5	3	25 47	23	26
8 17 3	2	6	4	26 35	24	27
8 21 11	3	6	5	27 22	25	28
8 25 19	4	7	6	28 10	26	29
8 29 26	5	8	6	28 57	27	♒
8 33 31	6	9	7	29 45	28	♒
8 37 37	7	10	8	0♐ 32	29	1
8 41 41	8	11	9	1 19	29	2
8 45 45	9	12	10	2 6	♑	3
8 49 48	10	13	11	2 53	1	4
8 53 51	11	14	12	3 39	2	5
8 57 52	12	15	13	4 25	3	6
9 1 53	13	16	13	5 12	4	7
9 5 53	14	17	14	5 58	5	8
9 9 53	15	18	15	6 44	6	9
9 13 52	16	19	16	7 30	6	10
9 17 50	17	20	17	8 16	7	11
9 21 47	18	21	18	9 1	8	11
9 25 44	19	22	18	9 46	9	13
9 29 40	20	23	19	10 31	10	14
9 33 35	21	24	20	11 17	11	15
9 37 29	22	25	21	12 2	11	15
9 41 23	23	26	22	12 47	12	16
9 45 16	24	27	23	13 32	13	17
9 49 9	25	27	23	14 16	14	18
9 53 1	26	28	24	15 1	15	19
9 56 52	27	29	25	15 45	15	20
10 0 42	28	♎	26	16 29	16	21
10 4 33	29	1	27	17 13	17	22
10 8 23	30	2	27	17 58	18	23

Panel 6

Tiempo sideral (H M S)	10 ♍	11 ♎	12 ♏	Ascend. ♐	2 ♑	3 ♒
10 8 23	0	2	27	17 58	18	23
10 12 12	1	3	28	18 42	19	24
10 16 0	2	4	29	19 26	19	25
10 19 48	3	5	♏	20 10	20	26
10 23 35	4	6	1	20 54	21	27
10 27 22	5	7	1	21 37	22	28
10 31 8	6	7	2	22 21	23	♓
10 34 54	7	8	3	23 4	23	♓
10 38 40	8	9	4	23 48	24	1
10 42 25	9	10	5	24 32	25	2
10 46 9	10	11	5	25 15	25	3
10 49 53	11	12	6	25 59	26	4
10 53 37	12	13	7	26 43	27	5
10 57 20	13	14	8	27 27	28	6
11 1 3	14	15	9	28 9	28	7
11 4 46	15	16	10	28 53	29	8
11 8 28	16	16	10	29 36	♒	9
11 12 10	17	17	11	0♑ 20	1	10
11 15 52	18	18	12	1 4	1	11
11 19 34	19	19	13	1 47	2	12
11 23 15	20	20	13	2 31	3	13
11 26 56	21	21	14	3 14	4	14
11 30 37	22	22	15	3 58	5	15
11 34 18	23	23	16	4 41	6	16
11 37 58	24	24	16	5 24	7	17
11 41 39	25	24	17	6 9	9	18
11 45 19	26	25	18	6 51	9	19
11 49 0	27	26	18	7 37	11	20
11 52 40	28	27	19	8 21	12	21
11 56 20	29	28	20	9 5	13	22
12 0 0	30	29	21	9 50	14	23

Se aconseja anotar estos datos sobre una hoja antes de representarlos sobre el gráfico para evitar tener que repetir varias veces la consulta de la tabla.

Las tablas proporcionan la posición de seis Casas sólo, porque cada una cuenta con otra diametralmente opuesta, que se sitúa en el mismo grado del signo opuesto. Al representar las posiciones de las Casas sobre el gráfico, esto resulta evidente y muy sencillo.

Antes de dibujar las líneas que delimitan las Casas, es necesario colocar el gráfico en la posición correcta, haciéndolo girar hasta que el signo correspondiente al ascendente se encuentre a la izquierda. En nuestro caso es el signo de Escorpio el que se debe colocar a la izquierda. Utilizando una regla, se puede dibujar la línea del ascendente, que partirá de los 14 16' del Escorpio (el gráfico está graduado para ello) y atravesando el centro del círculo acabará en los 14 16' de Tauro, signo opuesto al Escorpio: de esta forma se habrá señalado también el descendente. Puesto que se trata de una línea que tiene una gran importancia, se tiene que resaltar alargándola más allá de la circunferencia. Con el mismo sistema se dibuja la línea del eje Medio Cielo - Profundo Cielo que partirá de los 25 de Leo (X Casa) y llegará a los 25 de Acuario (IV Casa). También esta línea tiene que resaltarse como la anterior. Con el mismo sistema se tienen que dibujar las Casas 11 y 5 (27 de Virgo - 27 de Piscis), 12 y 6 (23 de Libra - 23 de Aries), 2 y 8 (14 de Sagitario - 14 de Géminis), 3 y 9 (18 de Capricornio - 18 de Cáncer). Pero estas líneas no es necesario resaltarlas, tienen que acabarse en el borde interno de la circunferencia.

A estas alturas, la domificación está completa: para terminar esta parte del trabajo será suficiente con señalar el número de cada Casa en el espacio correspondiente, recordando que se tienen que utilizar los números romanos para la I, la IV, la VII y la X Casa: las delimitadas por los ejes ascendente-descendente, Medio Cielo-Profundo Cielo, que reciben el nombre de Casas cardinales puesto que señalan los cuatro sectores fundamentales (o cuadrantes) del tema.

La fig. 4 de la página siguiente muestra cómo se presenta el gráfico al final de esta fase de trabajo.

La persona que posee las tablas de las Casas podrá realizar la misma operación para construir su tema y señalar las posiciones de las Casas sobre la ficha astrológica personal en la pág. 48.

La segunda fase del trabajo de construcción del tema astral consiste en reproducir en el gráfico subdividido de esta forma, las posiciones que tenían los planetas en el momento de producirse el nacimiento. Para realizar esto es necesario disponer de las ya citadas efemérides[2], un instrumento indispensable para el astrólogo, que pro-

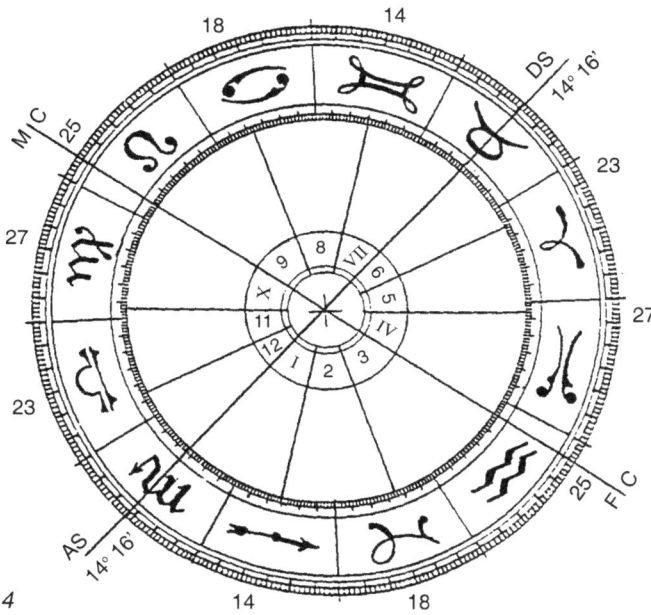

NACIMIENTO OCURRIDO EN BURGOS
EL 15 DE JUNIO DE 1970 - A LAS 17,30 HORAS (HORA OFICIAL)

Fig. 4

porciona las longitudes de todos los planetas en los signos, especificados en grados, minutos y segundos. En las págs. 66 y 67 se presenta una versión de una tabla de efemérides, relativa al periodo que se examina para nuestro ejemplo (mes de junio de 1970). Antes de realizar la consulta, recordamos que los signos se representan mediante los símbolos anteriormente ilustrados; también los planetas se representan con su símbolo gráfico, que ilustraremos uno por uno.

Así pues, empezaremos examinando las efemérides.

2. Las ediciones que se encuentran más fácilmente son: *The Rosacruciam Ephemeris 1900-2000*, Int. Ed. Maison Rosacrucienne (para las horas 00.00); Neil. F. Michelsen, *The American Ephemeris 1900-2000*, Ed. Astro Computing Services (para las horas 00.00); Barth, *Die Deutsche Ephemeride* (decenal, para las horas 00.00); *Raphael's Ephemeris*, Ed. Foulsham & Co. (anuales, para las horas 12.00).

EFEMÉRIDES RELATIVAS A JUNIO DE 1970					
Fecha	*Tiempo sideral*	☉	☽	☿	♀
	h min s	′ ″	′ ″	′ ″	′ ″
1 Lu	16 36 15	10♊05 42	2♉13 19	16♉40 8	11♋17 0
2 Ma	16 40 12	11 03 13	15 37 14	17 24 5	12 28 7
3 Mi	16 44 08	12 00 43	28 49 22	18 12 0	13 40 4
4 Ju	16 48 05	12 58 12	11♊48 14	19 03 2	14 52 1
5 Vi	16 52 01	13 55 40	24 32 42	19 57 9	16 03 7
6 Sa	16 55 58	14 53 08	7♋02 26	20 56 1	17 15 2
7 Do	16 59 55	15 50 34	19 18 08	21 57 8	18 26 7
8 Lu	17 03 51	16 47 59	1♌21 35	23 02 8	19 38 1
9 Ma	17 07 48	17 45 23	13 15 41	24 11 0	20 49 5
10 Mi	17 11 44	18 42 46	25 04 22	25 22 5	22 00 8
11 Ju	17 15 41	19 40 08	6♍52 16	26 37 1	23 12 1
12 Vi	17 19 37	20 37 29	18 44 35	27 54 9	24 23 3
13 Sa	17 23 34	21 34 49	0♎46 46	29 15 7	25 34 4
14 Do	17 27 31	22 32 08	13 04 10	0♊39 7	26 45 5
15 Lu	17 31 27	23 29 26	25 41 35	2 06 6	27 56 5
16 Ma	17 35 24	24 26 43	8♏42 44	3 36 5	29 07 4
17 Mi	17 39 20	25 24 00	22 09 38	5 09 4	0♌18 4
18 Ju	17 43 17	26 21 15	6♐02 03	6 45 3	1 29 0
19 Vi	17 47 13	27 18 31	20 17 09	8 24 1	2 39 8
20 Sa	17 51 10	28 15 46	4♑49 37	10 05 9	3 50 4
21 Do	17 55 06	29 13 00	19 32 25	11 50 4	5 01 0
22 Lu	17 59 03	0♋10 14	4♒17 49	13 37 8	6 11 5
23 Ma	18 03 00	1 07 27	18 58 45	15 27 9	7 21 9
24 Mi	18 06 56	2 04 41	3♓29 41	17 20 7	8 32 3
25 Ju	18 10 53	3 01 54	17 47 03	19 16 1	9 42 5
26 Vi	18 14 49	3 59 07	1♈49 09	21 13 9	10 52 8
27 Sa	18 18 46	4 56 20	15 35 42	23 14 0	12 02 9
28 Do	18 22 42	5 53 34	29 07 14	25 16 3	13 12 9
29 Lu	18 26 39	6 50 47	12♉24 36	27 20 4	14 22 9
30 Ma	18 30 35	7♋48 00	25 28 37	29♊26 4	15♌32 8

66

♂			♃			♄			♅			♆			♇		
'	"		'	"		'	"		'	"		'	"		'	"	
29 Ⅱ08	9		26 ♎R48	9		15 ♉R47	0		4 ♎R42	8		29 ♏R13	8		24 ♍R40	8	
29 48	7		26 45	1		15 54	3		4 42	2		29 12	2		24 40	7	
0 ♋28	4		26 41	4		16 01	5		4 41	7		29 10	6		24 40	6	
1 08	1		26 37	9		16 08	7		4 41	2		29 09	0		24 40	6	
1 47	7		26 34	5		16 15	8		4 40	8		29 07	5		24 40	5	
2 27	4		26 31	3		16 22	9		4 40	4		29 05	9		24 40	6	
3 07	0		26 28	3		16 30	0		4 40	1		29 04	4		24 40	6	
3 46	6		26 25	5		16 37	1		4 39	9		29 02	8		24 40	7	
4 26	1		26 22	8		16 44	1		4 39	6		29 01	3		24 40	4	
5 05	6		26 20	3		16 51	0		4 39	5		29 59	8		24 40	9	
5 45	1		26 18	0		16 58	0		4 39	4		28 58	3		24 41	1	
6 24	6		26 15	9		17 04	9		4 39	3		28 56	8		24 41	3	
7 04	0		26 13	9		17 11	7		4 39	4		28 55	3		24 41	5	
7 43	4		26 12	2		17 18	5		4 39	4		28 53	9		24 41	8	
8 22	8		26 10	6		17 25	3		4 39	5		28 52	4		24 42	1	
9 02	1		26 09	1		17 32	0		4 39	7		28 51	0		24 42	4	
9 41	4		26 07	9		17 38	6		4 39	9		28 49	6		24 42	8	
10 20	7		26 06	8		17 45	3		4 40	2		28 48	2		24 43	2	
11 00	0		26 06	0		17 51	8		4 40	5		28 46	8		24 43	6	
11 39	2		26 05	3		17 58	4		4 40	9		28 45	4		24 44	1	
12 18	4		26 04	8		18 04	8		4 41	3		28 44	1		24 44	6	
12 57	6		26 04	4		18 11	3		4 41	8		28 42	8		24 45	1	
13 36	8		26 04	3		18 17	6		4 42	3		28 41	4		24 45	7	
14 15	9		26 04	3		18 23	9		4 42	9		28 40	1		24 46	3	
14 55	1		26 04	5		18 30	2		4 43	6		28 39	9		24 46	9	
15 34	2		26 04	8		18 36	4		4 44	3		28 37	6		24 47	5	
16 13	2		26 05	4		18 42	6		4 45	0		28 36	4		24 48	2	
16 52	3		26 06	1		18 48	7		4 45	8		28 35	1		24 48	9	
17 31	3		26 07	0		18 54	7		4 46	7		28 33	9		24 49	7	
18 ♋10	4		26 ♎08	1		19 ♉00	7		4 ♎47	6		28 ♏32	8		24 ♍50	4	

Empezando por la izquierda, la primera columna cita el día del mes y de la semana. La segunda columna, titulada «tiempo sideral», proporciona la hora sideral para las horas 00.00 del día que se considera, que como se ve corresponde con el tiempo sideral proporcionado en el cuadro de la pág. 57, una tabla resumida y que por lo tanto no es exacta al segundo. Recordaremos que la hora sideral sirve para efectuar la domificación. (La mayor parte de las efemérides que se encuentran en las librerías proporcionan la hora sideral y las longitudes de los planetas para las horas 00.00, pero en algunas ediciones se proporcionan para las horas 12.00: de todos modos, en cada edición se especifica claramente el horario al que se refieren los datos.) Es importante recordar que las horas 00.00 (o 12.00) se entienden para el tiempo del meridiano de Greenwich: por lo tanto, para los cálculos es necesario utilizar la hora de nacimiento (en el ejemplo las 17 h 30 min), oportunamente corregida mediante la resta de una hora de huso y de otra hora posterior en el caso de hora oficial estival. Para el ejemplo en cuestión, la hora que se debe tener en consideración corresponde por lo tanto con las 16 h 30 min.

En la tercera columna se cita la longitud del Sol (símbolo gráfico: ☉). Para no complicar las cosas con muchos cálculos, será suficiente tener como válida esta posición para los nacimientos anteriores a las horas 12 y redondearla al grado superior para los nacimientos posteriores a las horas 12. En nuestro caso, la posición del Sol se encuentra a 24 de Géminis, que se anotará en una hoja como todas las siguientes.

La cuarta columna da la longitud de la Luna (símbolo gráfico: ☽). El satélite terrestre es el astro que se desplaza con mayor velocidad y por lo tanto su posición cambia mucho día a día, como media un grado cada 2 horas; para determinar su posición con una buena aproximación tenemos que hacer lo siguiente: la longitud de la Luna para las horas 00.00 del día tomado como ejemplo (15 de junio) es de 25 41' 35'' en Libra. El horario de nacimiento corregido es el de 16 h 30 min. En este intervalo de tiempo la Luna se habrá desplazado unos 8 15' (la mitad de 16 h y 30 min). Eliminando los segundos por comodi-dad, tendremos: 25 41' + 8 15' = 33 56'. Pero este resultado necesita una corrección: de hecho, cada signo consta de 30 y, cuando la longitud de un planeta supera, como sucede en este caso, los 30 , significa que el astro ha pasado al signo siguiente. En nuestro caso la posición de la Luna es de 3 56' en Escorpio (signo que sigue a Libra).

La quinta columna cita la longitud de Mercurio (símbolo gráfico: ☿). La longitud de Mercurio para las horas 00.00 del día 15 es de 2 06' en Géminis.

La sexta columna cita la longitud de Venus (símbolo gráfico: ♀). La longitud de Venus para las horas 00.00 del día 15 es de 27 56' en Cáncer.

La séptima columna da la longitud de Marte (símbolo gráfico: ♂). La longitud de Marte para las horas 00.00 del día 15 es de 8 22' en Cáncer.

Para obtener la posición precisa de estos tres planetas, los más rápidos después de la Luna, para la hora de nacimiento, es necesario efectuar la interpolación, es decir la corrección de la longitud según el movimiento diario del astro en ese periodo.

Existen tablas especiales para facilitar este cálculo, que de todos modos no es necesario explicar con detalle en este libro: para empezar será suficiente dar como válida la posición de los planetas para las horas 00.00.

La octava columna muestra la longitud de Júpiter (símbolo gráfico: ♃). La longitud de Júpiter para las horas 00.00 del día 15 es de 26 10' en Libra. En la primera línea de esta columna encontramos, cerca de la indicación del signo zodiacal, una R: sirve para indicar que el planeta está en fase de movimiento retrógrado, es decir, está recorriendo hacia atrás la banda zodiacal.

Esta particularidad se tiene que señalar, añadiendo una R cerca de la posición del planeta.

La novena columna proporciona la longitud de Saturno (símbolo gráfico: ♄). La longitud de Saturno para las horas 00.00 del día 15 es de 17 25' en Tauro.

La décima columna muestra la longitud de Urano (símbolo gráfico: ♅ o ♅). La longitud de Urano para las horas 00.00 del día 15 es de 4 39' en Libra.

También en la primera línea de esta columna aparece la R que señala la fase de movimiento retrógrado; pero más adelante aparece una D, que indica que el planeta ha retomado el movimiento directo y no se anota por lo tanto nada de particular.

La onceava columna da la longitud de Neptuno (símbolo gráfico: ♆). La longitud de Neptuno para las horas 00.00 del día 15 es de 28 52' en Escorpio (en fase de movimiento retrógrado).

La doceava columna muestra la longitud de Plutón (símbolo gráfico: ♇). La longitud de Plutón para las horas 00.00 del día 15 es de 24 42' en Virgo.

A estas alturas, se señalarán en el gráfico las posiciones de los planetas (véase fig. 5).

El gráfico natal está completo de esta forma y muestra la posición de los planetas en los signos y en las Casas.

Quien posea las efemérides podrá, después de haber obtenido las posiciones planetarias relativas al propio horóscopo, representarlas en la ficha astrológica personal de la pág. 48. Para los que no dispongan de efemérides, en las págs. 83-94 se muestran las tablas resumen con las posiciones de los planetas Júpiter, Saturno, Urano, Neptuno y Plutón. Para los planetas más rápidos, Mercurio, Venus y Marte, en cambio, es indispensable hacer referencia a las efemérides.

NACIMIENTO OCURRIDO EN BURGOS
EL 15 DE JUNIO DE 1970 - A LAS 17,30 HORAS (HORA OFICIAL)

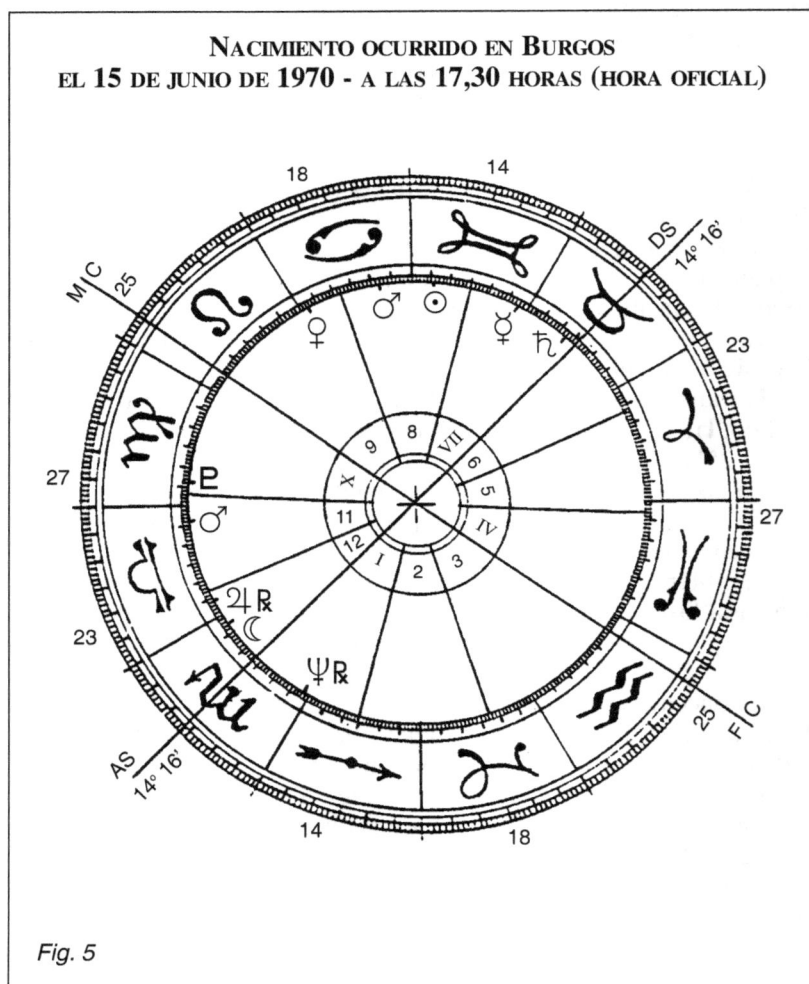

Fig. 5

Significado de los planetas

Luna

Simboliza la esfera sensible-receptiva de la persona, la capacidad de imaginación, de asimilación y de intuición; en el plano del carácter, indica emotividad, predisposición a la impresionabilidad, a la inquietud o a la melancolía, pero también al talento, la fantasía y al capricho. Regula además las reacciones individuales a la multiplicidad de las situaciones externas y por lo tanto a la adaptabilidad; representa el cambio de las circunstancias, la gente, la muchedumbre; regula las cualidades mágicas no explicables racionalmente, la atracción más íntima y secreta, las premoniciones y los dones extrasensoriales.

La Luna representa la unión con la figura materna, la imagen de la propia madre que uno lleva consigo; en los temas de mujeres indica el tipo de feminidad, las expectativas emotivas y la forma de comportarse en relación con el otro sexo; en temas masculinos representa la consideración por la mujer, la imagen femenina más deseada. La Luna se une además con la familia y con el ambiente doméstico, con la infancia de la persona: su posición en el tema indica si subsisten inseguridades o infantilismos que se remontan a las primeras experiencias de la vida y al apego con la familia; indica la necesidad de protección, la pasividad, el desinterés, la influenciabilidad, la capacidad de insertarse más o menos armoniosamente en las corrientes de la vida, la sociabilidad, la cordialidad, la disponibilidad, el candor, la confianza, la necesidad de compañía y de apoyo.

Cuando se encuentra en posición dominante en el tema astral, la Luna determina un carácter inestable, con inclinaciones a la pereza física y al desasosiego psíquico; fantasioso e inspirado, el individuo

TABLA -A- PARA BUSCAR LA POSICIÓN DE LA LUNA											
En.	**Feb.**	**Mar.**	**Abr.**	**May.**	**Jun.**	**Jul.**	**Ag.**	**Sept.**	**Oct.**	**Nov.**	**Dic.**
1920	2,7	6,4	8,1	11,8	14,4	18,1	20,8	24,5	0,8	3,5	7,2	9,9
1921	13,5	17,2	17,9	21,6	24,3	0,6	3,3	7,0	10,7	13,3	17,0	19,7
1922	23,4	27,0	0,4	4,1	6,8	10,4	13,1	16,8	20,5	23,2	26,8	2,2
1923	5,9	9,5	10,2	13,9	16,6	20,3	22,9	26,6	3,0	5,6	9,3	12,0
1924	15,7	19,4	21,0	24,7	0,1	3,8	6,4	10,1	13,8	16,5	20,1	22,8
1925	26,5	2,9	3,5	7,2	9,9	13,6	16,3	19,9	23,6	26,3	2,6	5,3
1926	9,0	12,7	13,4	17,0	19,7	23,4	26,1	2,4	6,1	8,8	12,5	15,1
1927	18,8	22,5	23,2	26,9	2,2	5,9	8,6	12,2	15,9	18,6	22,3	25,0
1928	1,3	5,0	6,7	10,4	13,0	16,7	19,4	23,1	26,7	2,1	5,8	8,5
1929	12,1	15,8	16,5	20,2	22,9	26,5	1,9	5,6	9,2	11,9	15,6	18,3
1930	22,0	25,6	26,3	2,7	5,3	9,0	11,7	15,4	19,1	21,7	25,4	0,8
1931	4,5	8,1	8,8	12,5	15,2	18,8	21,5	25,2	1,6	4,2	7,9	10,6
1932	14,3	18,0	19,6	23,3	26,0	2,3	5,0	8,7	12,4	15,1	18,7	21,4
1933	25,1	1,5	2,1	5,8	8,5	12,2	14,8	18,5	22,2	24,9	1,2	3,9
1934	7,6	11,3	11,9	15,6	18,3	22,0	24,7	1,0	4,7	7,4	11,1	13,7
1935	17,4	21,1	21,8	25,4	0,8	4,5	7,2	10,8	14,5	17,2	20,9	23,6
1936	27,2	3,6	5,3	8,9	11,6	15,3	18,0	21,7	25,3	0,7	4,4	7,1
1937	10,7	14,4	15,1	18,8	21,4	25,1	0,5	4,2	7,8	10,5	14,2	16,9
1938	20,5	24,2	24,9	1,3	3,9	7,6	10,3	14,0	17,7	20,3	24,0	26,7
1939	3,0	6,7	7,4	11,1	13,8	17,4	20,1	23,8	0,2	2,8	6,5	9,2
1940	12,9	16,5	18,2	21,9	24,6	0,9	3,6	7,3	11,0	13,6	17,3	20,0
1941	23,7	0,0	0,7	4,4	7,1	10,8	13,4	17,1	20,8	23,5	27,1	2,5
1942	6,2	9,9	10,5	14,2	16,9	20,6	23,3	26,9	3,3	6,0	9,6	12,3
1943	16,0	19,7	20,4	24,0	26,7	3,1	5,8	9,4	13,1	15,8	19,5	22,1
1944	25,8	2,2	3,9	7,5	10,2	13,9	16,6	20,2	23,9	26,6	3,0	5,6
1945	9,3	13,0	13,7	17,4	20,0	23,7	26,4	2,7	6,4	9,1	12,8	15,5
1946	19,1	22,8	23,5	27,2	2,5	6,2	8,9	12,6	16,2	18,9	22,6	25,3
1947	1,6	5,3	6,0	9,7	12,4	16,0	18,7	22,4	26,1	1,4	5,1	7,8
1948	11,5	15,1	16,8	20,5	23,2	26,8	2,2	5,9	9,6	12,2	15,9	18,6
1949	22,3	26,0	26,6	3,0	5,7	9,3	12,0	15,7	19,4	22,1	25,7	1,1
1950	4,8	8,5	9,1	12,8	15,5	19,2	21,8	25,5	1,9	4,6	8,2	10,9
1951	14,6	18,3	18,9	22,6	25,3	1,7	4,3	8,0	11,7	14,4	18,1	20,7
1952	24,4	0,8	2,4	6,1	8,8	12,5	15,2	18,8	22,5	25,2	1,6	4,2
1953	7,9	11,6	12,3	15,9	18,6	22,3	25,0	1,3	5,0	7,7	11,4	14,1
1954	17,7	21,4	22,1	25,8	1,1	4,8	7,5	11,2	14,8	17,5	21,2	23,9

TABLA -A- PARA BUSCAR LA POSICIÓN DE LA LUNA											
	En.	**Feb.**	**Mar.**	**Abr.**	**May.**	**Jun.**	**Jul.**	**Ag.**	**Sept.**	**Oct.**	**Nov.**	**Dic.**
1955	0,2	3,9	4,6	8,3	10,9	14,6	17,3	21,0	24,7	0,0	3,7	6,4
1956	10,0	13,7	15,4	19,1	21,8	25,4	0,8	4,5	8,2	10,8	14,5	17,2
1957	20,9	24,5	25,2	1,6	4,3	7,9	10,6	14,3	18,0	20,7	24,3	27,0
1958	3,4	7,0	7,7	11,4	14,1	17,8	20,4	24,1	0,5	3,1	6,8	9,5
1959	13,2	16,9	17,5	21,2	23,9	0,3	2,9	6,6	10,3	13,0	16,6	19,3
1960	23,0	26,7	1,0	4,7	7,4	11,1	13,8	17,4	21,1	23,8	0,1	2,8
1961	6,5	10,2	10,9	14,5	17,2	20,9	23,6	27,2	3,6	6,3	10,0	12,6
1962	16,3	20,0	20,7	24,4	27,0	3,4	6,1	9,7	13,4	16,1	19,8	22,5
1963	26,1	2,5	3,2	6,9	9,5	13,2	15,9	19,6	23,2	25,9	2,3	5,0
1964	8,6	12,3	14,0	17,7	20,4	24,0	26,7	3,1	6,7	9,4	13,1	15,8
1965	19,5	23,1	23,8	0,2	2,8	6,5	9,2	12,9	16,6	19,2	22,9	25,6
1966	2,0	5,6	6,3	10,0	12,7	16,3	19,0	22,7	26,4	1,7	5,4	8,1
1967	11,8	15,5	16,1	19,8	22,5	26,2	1,5	5,2	8,9	11,6	15,2	17,9
1968	21,6	25,3	27,0	3,3	6,0	9,7	12,3	16,0	19,7	22,4	26,1	1,4
1969	5,1	8,8	9,4	13,1	15,8	19,5	22,2	25,8	2,2	4,9	8,6	11,2
1970	14,9	18,6	19,3	22,9	25,6	2,0	4,7	8,3	12,0	14,7	18,4	21,1
1971	24,7	1,1	1,8	5,4	8,1	11,8	14,5	18,2	21,8	24,5	0,9	3,5
1972	7,2	10,9	12,6	16,3	18,9	22,6	25,3	1,7	5,3	8,0	11,7	14,4
1973	18,0	21,7	22,4	26,1	1,4	5,1	7,8	11,5	15,2	17,8	21,5	24,2
1974	0,5	4,2	4,9	8,6	11,3	14,9	17,6	21,3	25,0	0,3	4,0	6,7
1975	10,4	14,0	14,7	18,4	21,1	24,8	0,1	3,8	7,5	10,1	13,8	16,5
1976	20,2	23,9	25,5	1,9	4,6	8,3	10,9	14,6	18,3	21,0	24,6	0,0
1977	3,7	7,4	8,0	11,7	14,4	18,1	20,8	24,4	0,8	3,5	7,1	9,8
1978	13,5	17,2	17,9	21,5	24,2	0,6	3,3	6,9	10,6	13,3	17,0	19,6
1979	23,3	27,0	0,4	4,0	6,7	10,4	13,1	16,7	20,4	23,1	26,8	2,1
1980	5,8	9,5	11,2	14,9	17,5	21,2	23,9	0,2	3,9	6,6	10,3	13,0
1981	16,6	20,3	21,0	24,7	0,0	3,7	6,4	10,1	13,7	16,4	20,1	22,8
1982	26,5	2,8	3,5	7,2	9,8	13,5	16,2	19,9	23,6	26,2	2,6	5,3
1983	9,0	12,6	13,3	17,0	19,7	23,3	26,0	2,4	6,1	8,7	12,4	15,1
1984	18,8	22,5	24,1	0,5	3,2	6,8	9,5	13,2	16,9	19,6	23,2	25,9
1985	2,3	6,0	6,6	10,3	13,0	16,7	19,3	23,0	26,7	2,1	5,7	8,4
1986	12,1	15,8	16,4	20,1	22,8	26,5	1,8	5,5	9,2	11,9	15,6	18,2
1987	21,9	25,6	26,3	2,6	5,3	9,0	11,7	15,3	19,0	21,7	25,4	0,7
1988	4,4	8,1	9,8	13,4	16,1	19,8	22,5	16,2	2,5	5,2	8,9	11,6
1989	15,2	18,9	19,6	23,3	25,9	2,3	5,0	8,7	12,3	15,0	18,7	21,4

huye de los esquematismos de la racionalidad, sigue su humor y sus intuiciones y se muestra imprevisible y caprichoso; es bastante sensible y posee una vida interior muy rica.

Cómo encontrar la posición de la Luna

La luna es el astro que se mueve con mayor velocidad por la banda zodiacal, cambiando de signo cada 60 horas aproximadamente; si no se dispusiera de las efemérides, resultaría difícil conocer en qué signo se encontraba en el momento del nacimiento este planeta tan importante en la definición de la personalidad básica.

Las tablas A y B permiten encontrar el signo por el que transitaba la Luna en una fecha determinada.

En la tabla A se buscará el año de nacimiento y el mes; en el punto de encuentro de la columna y la fila se encontrará un número que se sumará al día del nacimiento. El resultado de esta suma se tiene que buscar en la tabla B: el signo zodiacal en el que está incluida esta cifra es el signo en el que se encontraba la Luna en esa fecha.

Ejemplo: nacimiento que ha tenido lugar el 17 de julio de 1987. Para el mes de julio de 1987 el número que se encuentra en la intersección es el 11,7. Sumándolo al día de nacimiento, se obtiene: 11,7 + 17 = 28,7. Consultando la tabla B se descubre que la Luna estaba en Aries. Siguiendo este ejemplo podrá apuntar el dato relativo a su Luna en la ficha astrológica personal de la pág. 48.

TABLA -B- PARA BUSCAR LA POSICIÓN DE LA LUNA					
0	Aries	2,7	32,3	Géminis	34,6
2,7	Tauro	5	34,6	Cáncer	36,9
5	Géminis	7,3	36,9	Leo	39,2
7,7	Cáncer	9,6	39,2	Virgo	41,2
9,6	Leo	11,8	41,2	Libra	43,7
11,8	Virgo	14,1	43,7	Escorpio	46
14,1	Libra	16,4	46	Sagitario	48,3
16,4	Escorpio	18,7	48,3	Capricornio	50,5
18,7	Sagitario	20,9	50,5	Acuario	52,8
20,9	Capricornio	23,2	52,8	Piscis	55,1
23,2	Acuario	25,2	55,1	Aries	57,4
25,2	Piscis	27,8	57,4	Tauro	59,6
27,8	Aries	30	59,6	Géminis	61,9
30	Tauro	32,3	61,9	Cáncer	

MERCURIO   VENUS   MARTE

Después del Sol y la Luna, estos tres planetas son fundamentales para determinar los rasgos más característicos de la personalidad, dibujando las líneas esenciales del «retrato» astral.

A causa de la frecuente variación de sus posiciones zodiacales, no es posible insertar las tablas sinópticas relativas, pero se calculan basándose en las efemérides (véase nota de la pág. 65). Luego podrá incluir las posiciones sobre su ficha astrológica personal de la pág. 48.

Mercurio

Representa el contacto entre el individuo y el mundo basado en el conocimiento, en la actividad cerebral y, por lo tanto, en las facultades intelectuales: las capacidades de percepción y de valoración, la observación, la versatilidad mental, la rapidez de reflejos, la curiosidad, la perspicacia, la ingeniosidad, la comprensión y la reelaboración de ideas y conceptos. En otras palabras, Mercurio gobierna la inteligencia, el pensamiento, indica las dotes expresivas y la mentalidad de la persona más allá de las implicaciones emotivas o sentimentales. Mercurio gobierna además la comunicación de las ideas y por lo tanto la palabra y los escritos; indica las capacidades de aprender y de transmitir de nuevo a los demás las informaciones asimiladas. Planeta del movimiento y de la vitalidad, está asociado además a los viajes y a los desplazamientos, a los medios de transporte y de comunicación; también las relaciones sociales están influenciadas por Mercurio, que determina la diplomacia, la capacidad de adaptación mental, la astucia y el oportunismo. En el tema astral representa las relaciones con los hermanos y las hermanas, con los coetáneos y con los hijos; está relacionado con la juventud, con la adolescencia, en el plano del carácter y componente de alegría, despreocupación y humor.

Cuando en el tema astral, Mercurio se encuentra colocado en posición dominante, en la personalidad destacan la curiosidad, la agudeza mental y el alejamiento racional: la persona tiene la inaplazable exigencia de conocer, pero también de expresarse, de decir lo que piensa, a menudo con ironía cortante y espíritu crítico, a veces incluso con una vena polémica. Nervioso, rápido en las reacciones, a veces disperso, tiene una habilidad particular para arreglárselas en los ambientes más variados, sabe ser convincente y persuasivo haciéndose apreciar por su vitalidad y su frescura siempre juvenil; es locuaz y cultiva numerosas relaciones sociales. Tiene mucho sentido para los negocios y un talento intelectual a menudo acusado.

Venus

Gobierna la esfera del sentimiento y del placer, los contactos afectivos de la persona con el mundo exterior y las gratificaciones que recibe de él. Representa, por lo tanto, la capacidad de amar en el sentido más amplio: el tipo de afectividad y de expresión de los propios sentimientos, el grado de altruismo, de disponibilidad a la implicación afectiva; pero también la sensibilidad por todo lo que es bonito, agradable, armonioso y la capacidad de gozar de ello con sereno hedonismo. Venus representa la paz, la conciliación, la comprensión basada en el amor: por lo tanto, es muy importante para hacer más fluida y armoniosa la vida social, para prometer éxitos y simpatías. Se trata, de hecho, de un elemento fundamental de la atracción personal, no sólo bajo el aspecto físico: determina la sensualidad, la cualidad de saber suscitar comprensión y atracción.

La vida amorosa está particularmente influenciada por Venus, que indica no sólo la disposición sentimental, sino también sus gustos y sus expectativas, la forma de colocarse frente a la pareja y de manifestarle su amor y fidelidad. Desde la posición de Venus en el tema astral se pueden obtener indicaciones acerca de la vida sentimental: los ambientes más agradables para los encuentros afectivos, las uniones más prometedoras, posibles problemáticas en la relación de pareja o a nivel sexual.

Venus indica además el gusto estético, el talento artístico, las cualidades creativas.

Cuando el planeta está en posición dominante en el tema natal, determina un temperamento sociable, simpático y amable; la persona es sensible pero poco trabajadora, prefiere el placer al compromiso, pero a menudo se siento favorecida por las circunstancias, por el apoyo y la simpatía del prójimo; Venus recibe el nombre de la *pequeña fortuna* y protege bondadosamente a los nativos situados bajo su influencia, que saben hacerse querer y también disfrutar de las alegrías de la vida.

Marte

Representa la carga agresiva que necesita el individuo para introducirse activamente en el mundo, para superar los obstáculos e imponer su personalidad. Por lo tanto, es símbolo de energía y acción: indica el espíritu de afirmación, la fuerza de voluntad, la vitalidad con la que la persona afronta las circunstancias de la vida; su fuerza se expresa con impulso instintivo, impetuoso, despojado de constricciones, determinando el atrevimiento y el coraje, estimulando la combatividad, la competición y el antagonismo. En cuanto al carácter, Marte indica la independencia, las tendencias directivas y autoritarias, el dinamismo, el entusiasmo, pero también el espíritu de rebelión, la irascibilidad. Según la posición en el tema astral, la energía marciana puede desembocar en imprudencia, provocar actitudes bruscas e irreflexivas, volverse destructiva y violenta; o cuando la carga activa y vital se ve bloqueada, puede causar frustraciones, desánimo, incapacidad para actuar de forma incisiva. La influencia de Marte es muy importante para determinar la capacidad de realización práctica del individuo, puesto que mide la fuerza personal a través de la acción directa.

El astro representa además la vitalidad física y la predisposición hacia el deporte, los contrastes y las luchas con los demás, los incidentes y los golpes; en un tema específicamente femenino indica la figura del amante, del marido, la imagen masculina por la que la mujer se siente más atraída; en el tema de un hombre representa su propia virilidad.

Una posición dominante de Marte en el tema natal denota un temperamento impulsivo, dinámico, rápido en las decisiones y en las acciones, autónomo, llevado a imponerse por la fuerza y por lo tanto poco dotado de tacto y sensibilidad; confianza en sí mismo y buena voluntad favorecen éxitos brillantes, conseguidos gracias a intensos esfuerzos personales.

$$ \text{2} \quad \hbar \quad \hat{\odot} \quad \Psi \quad \text{P} $$

JÚPITER   SATURNO   URANO   NEPTUNO   PLUTĿN

Con Júpiter se inician los planetas más lentos, que tienen una influencia más global sobre la personalidad, orientándola, basándose en las características expresadas por los planetas rápidos que hemos visto anteriormente. De la pág. 83 a la pág. 94 tenemos las tablas sinópticas con las posiciones zodiacales de estos planetas para todo el siglo XX, subdivididas por signos. Un nativo de Aries, por ejemplo, sólo debe consultar la tabla titulada con su propio signo para descubrir dónde se encontraban todos los planetas lentos en el momento del nacimiento. Sus posiciones se podrán incluir luego en la ficha astrológica personal de la pág. 48.

Júpiter

Júpiter representa la inserción de la persona en el mundo, las posibilidades de éxito y aprobación social, la capacidad de disfrutar serenamente de las oportunidades que ofrece la vida; la inclinación al optimismo, a la extroversión, al hedonismo, a una actitud sociable y afable que permite facilitar la existencia a través de una solución sencilla y pacífica de los problemas. El atributo de Júpiter de «astro de la fortuna» es por decirlo de alguna forma el resumen de sus características: una buena posición de Júpiter en el horóscopo hace que la vida sea más feliz porque suaviza las dificultades, favorece la expresión y el reconocimiento de las cualidades personales, inspira confianza en sí mismo y en el prójimo, inclina a la paz y a la satisfacción; la riqueza moral se confirma incluso en el plano material y se determina de esta forma la importancia del planeta en relación con la realización financiera y social. Júpiter inspira la euforia y el entusiasmo que llevan al hombre a abrirse, a manifestarse con franca sinceridad e íntima seguridad, respetando siempre las reglas y las convenciones que gobiernan la vida en común; lealtad, sentido del honor y un sano respeto por las tradiciones son las cualidades propias del planeta. Júpiter mide además la generosidad y la capacidad de apreciar los placeres más consistentes de la vida, determinando el gusto por la comodidad, la holgura y el bienestar.

Una colocación dominante del planeta en el tema astral atribuye un temperamento amable, benévolo, moral, que cosecha fácilmente simpatías y acuerdos y normalmente no debe realizar grandes esfuerzos para afirmarse en la existencia; completan el cuadro sentido común, sabiduría y un poco de paternalismo.

Saturno

Simboliza el aspecto racional de la inserción en la existencia: la consciencia de las adversidades y por lo tanto de los aspectos difíciles de la vida, la prudencia y la desconfianza necesarias para defenderse, el compromiso en la superación de los obstáculos, distanciado de implicaciones sentimentalistas. Se trata del planeta de la seriedad y del rigor de juicio, de la introversión y de la soledad: sitúa a la persona frente a los aspectos menos agradables de la existencia, la pone a prueba midiendo su grado de autosuficiencia; invita a la sobriedad y a la parsimonia en el uso de los propios recursos, impone cautela y reserva en los contactos con el prójimo, organiza y estructura la voluntad para hacerla tenaz y constructiva, infunde fuerza de ánimo y resistencia moral. Significa los conceptos del deber y la responsabilidad, Saturno lleva consigo la fama de planeta maléfico: en realidad es un componente indispensable en la madurez de la persona, que debe saber enfrentarse con la pura realidad. Saturno enseña a reconocer apasionadamente la realidad de los hechos, a mantener las distancias de un compromiso excesivamente emotivo que impediría un juicio imparcial y una tutela eficaz de los propios intereses; apaga el entusiasmo, enfría los arrebatos, impone renuncias pero refuerza las ambiciones, dando la medida de lo que la persona está dispuesta a sacrificar para alcanzar sus objetivos. Es símbolo de estoicismo, de sensatez, de autoridad y severidad, de las capacidades de coordinación y planificación, de intransigencia, dureza y tenacidad.

La presencia de un Saturno dominante en el tema determina una personalidad seria, controlada y responsable; la persona es desconfiada, reservada, inclinada hacia el pesimismo y el escepticismo, pero sabe imponerse una línea de conducta coherente y precisa, que la sitúa en condiciones de afirmarse en el tiempo, superando incluso dificultades relevantes.

Urano

Es el primero de los planetas *modernos*, es decir descubiertos con el uso de instrumentos ópticos, cuya existencia era desconocida para nuestros antepasados.

Representa la fuerza de decisión, la voluntad que escoge y se manifiesta de forma drástica, resolviendo las situaciones desde la raíz; está asociado a la rapidez, al impulso fulgurante, a los acontecimientos imprevistos y su energía se expresa como reacción inmediata a los estímulos, como resorte, rapidez de reflejos, y gran velocidad de acción.

Urano proporciona la chispa que enciende la voluntad individual y la lleva a manifestarse mediante una acción impulsiva, súbita, concentrada sobre el resultado inmediato y por lo tanto, eficazmente resolutiva; representa la fuerza de renovación que hace emerger los problemas para resolverlos, eliminando las cosas superadas e inútiles; describe los cambios bruscos, las rupturas con el pasado, las novedades inesperadas, en definitiva, todo lo que interviene en la modificación radical del *statu quo*.

Urano estimula el espíritu de afirmación individual, sujetándolo con el útil instrumento del pragmatismo, del sentido de la oportunidad, de lo que es conveniente en el presente; inclina al alejamiento de las convenciones y de las consideraciones morales, suscita la habilidad inventiva, técnica y manual.

En el tema natal el astro indica cómo expresa la persona su propia individualidad, y además la capacidad de actuar de forma rápida e incisiva, ante la necesidad de tomar las riendas del propio destino mediante elecciones decisivas.

Cuando Urano está en posición dominante, da lugar a una personalidad original, independiente, decidida a demostrar su diversidad; el nativo tiene un carácter brusco, imprevisible, está inmerso en el presente, en el que vive a un ritmo rápido, preparado para advertir las exigencias de cambio y a sumergirse en la nueva realidad; a menudo su vida atraviesa drásticos cambios de rumbo.

Neptuno

Representa la disponibilidad del hombre para la transformación, el proceso de metamorfosis interior que refleja los cambios y la evolución que han tenido lugar en el planeta Tierra. Neptuno es un planeta *colectivo*, que pone al hombre en relación con el incesante cambio del mundo que lo rodea en todas sus multiplicidades, con todo lo que es desconocido, distinto, lejano, hasta llegar al plano de consciencia más elevado, el espiritual (se trata de hecho del planeta del misticismo y del espíritu religioso). Por lo tanto, plantea preguntas existenciales, suscita la inquietud que empuja hacia metas desconocidas, el deseo de ultrapasar las barreras de las reglas banales para llegar a una verdad más absoluta. En los casos más felices, Neptuno afina extraordinariamente la sensibilidad, enriquece la imaginación y muy a menudo estimula la creatividad y el sentido artístico, aporta intuición e inspiración genial. Pero la exigencia de cambiar, o de evadirse de la realidad, puede encontrar formas de expresión menos armoniosas. En ciertos casos, Neptuno puede inclinar al fanatismo religioso o político, o bien suscitar miedos irracionales, depresiones, y angustias existenciales. El planeta gobierna todo lo que es maravilloso y fantástico, y también la ilusión forma parte de su reino: bajo la influencia neptuniana puede resultar difícil distinguir nítidamente la realidad, el engaño y la desilusión pueden ocultarla como la niebla. Para aquellos que saben descifrar su lenguaje, Neptuno envía intuiciones iluminadoras, que guiarán el camino hacia el conocimiento. La persona caracterizada por una dominante neptuniana es tranquila, profunda, parece estar poco presente en la realidad, transportada por sus pensamientos; dotada de escaso sentido práctico, es sentimental, sociable, a veces sugestionable y meláncolica.

Plutón

Se trata del último planeta de nuestro sistema solar, descubierto por el hombre hace sólo sesenta años y por lo tanto aún relativamente «joven» en la tradición astrológica. Representa las fuerzas vitales más profundas y secretas de la persona, la capacidad de dar forma concreta a los recursos creativos que residen en cada uno de nosotros. Su influencia es muy lenta y puede parecer poco evidente porque opera a niveles muy profundos de la personalidad: se trata de una fuerza que plasma, transforma, destruye y recrea, y es fundamental para el equilibrio individual, porque gobierna la íntima satisfacción de sí mismo, vivida según los propios instintos y por lo tanto no necesariamente unida al éxito material, afectivo, etc. Como regulador de los principios vitales y creativos, Plutón está relacionado además con el sexo, actividad capaz de generar la vida: por lo tanto sirve para indicar de qué manera la persona vive esta parte de sí misma y los posibles problemas relacionados con el sexo. Además de la afirmación creadora de sí mismo, Plutón representa también la voluntad de potencia individual: cuando está liberada, sin inhibiciones, su fuerza secreta y misteriosa no sólo hace que el hombre sea más dueño de sí mismo, sino que puede estimular también la ambición de poder, de dominio sobre el prójimo y reforzar el magnetismo personal, la capacidad de persuasión y el exhibicionismo. En algunos casos se pueden producir manifestaciones narcisistas de la personalidad: tendencias histriónicas, egocentrismo desenfrenado, aventuras sexuales y falsedades intencionadas.

La posición de Plutón es a menudo muy importante para determinar ciertas frustraciones íntimas o complicaciones del carácter, que causan en la persona un sentimiento de falta de plenitud.

Una colocación dominante de Plutón en el tema astral confiere una personalidad muy intensa, inclinada a utilizar el poder del que está dotado dirigiendo a los demás en su propio beneficio.

En las tablas de las páginas siguientes están resumidas, subdivididas por signos, las posiciones zodiacales de los planetas lentos. Por ejemplo, el nacido en Aries podrá descubrir, consultando la relativa tabla, dónde se encontraban los planetas lentos en el momento de su nacimiento. De esta forma podrá completar con las posiciones encontradas la ficha personal de la pág. 48.

ARIES

Descubra aquí en qué signo se encontraban los planetas lentos el año de su nacimiento.

Plutón

del 1940 al 1957	: Leo
1958: Véase del 11/4	: Leo
del 1959 al 1971	: Virgo
del 1972 al 1983	: Libra
del 1984 al 1994	: Esc.
del 1995 al 2009	: Sag.
del 2009 al 2023	: Capr.

Neptuno

del 1917 al 1929	: Leo
del 1930 al 1942	: Virgo
1943: Lib. del 17/4	: Virgo
del 1944 al 1956	: Libra
del 1957 al 1969	: Esc.
del 1970 al 1983	: Sag.
del 1984 al 1997	: Capr.
del 1998 al 2012	: Ac.

Urano

del 1912-31/3/1919	: Ac.
del 1/4/19-30/3/27	: Piscis
del 31/3/27-27/3/35	: Aries
del 28/3/35-1942	: Tauro
del 1943 al 1949	: Gém.
del 1950 al 1956	: Cáncer
del 1957 al 1962	: Leo
del 1963 al 1968	: Virgo
del 1969 al 1974	: Libra
del 1975 al 1981	: Esc.
del 1982 al 1987	: Sag.
del 1988 al 31/3/95	: Capr.
del 1996 al 2003	: Ac.
del 2003 al 2011	: Piscis

Saturno

del 1911 al 25/3/13	: Tauro
del 26/3/13 al 1915	: Gém.
del 1916 al 1917	: Cáncer
del 1918 al 1919	: Leo
del 1920 al 1921	: Virgo
del 1922 al 1923	: Libra
1924: Esc. del 6/4	: Libra
del 1925 al 1926	: Esc.
del 1927 al 1928	: Sag.
del 1929 al 1931	: Capr.
del 1932 al 1934	: Ac.
del 1935 al 1937	: Piscis
del 1938 al 1939	: Aries
del 1940 al 1942	: Tauro
del 1943 al 1944	: Gém.
del 1945 al 1946	: Cáncer
del 1947 al 1948	: Leo
1949: Vir. del 31/4	: Leo
del 1950 al 1951	: Virgo
del 1952 al 1953	: Libra
del 1954 al 1955	: Esc.
del 1956 al 1958	: Sag.
del 1959 al 1961	: Capr.
del 1962 al 23/3/64	: Ac.
del 24/3/64 al 1966	: Piscis
del 1967 al 1969	: Aries
del 1970 al 1971	: Tauro
del 1972 al 17/4/74	: Gém.
del 18/4/74 al 1976	: Cáncer

del 1977 al 1978	: Leo
del 1979 al 1980	: Virgo
del 1981 al 1982	: Libra
del 1983 al 1985	: Esc.
del 1986 al 1987	: Sag.
del 1988 al 1990	: Capr.
del 1991 al 1993	: Ac.
del 1994 al 6/4/96	: Piscis
del 7/4/96 al 1998	: Aries
1999	: Tauro
del 1/3/99 al 20/4/01	: Géminis
del 20/4/01 al 22/4/05	: Cáncer
del 22/4/05 al 2/9/07	: Leo
del 2/9/07 al 29/10/09	: Virgo

Júpiter

1910	: Libra
1911	: Escorpio
1912	: Sagitario
1913	: Capricornio
1914	: Acuario
1915	: Piscis
1916	: Aries
1917	: Tauro
1918	: Géminis
1919	: Cáncer
1920	: Leo
1921	: Virgo
1922	: Libra
1923	: Escorpio
1924	: Sagitario
1925	: Capricornio
1926	: Acuario
1927	: Piscis
1928	: Aries
1929	: Tauro
1930	: Géminis
1931	: Cáncer
1932	: Leo
1933	: Virgo
1934	: Libra
1935	: Escorpio
1936	: Sagitario
1937	: Capricornio
1938	: Acuario
1939	: Piscis
1940	: Aries
1941	: Tauro
1942	: Géminis
1943	: Cáncer
1944	: Leo
1945	: Virgo
1946	: Libra
1947	: Escorpio
1948	: Sagitario
1949	: Capricornio
del 12/4	: Acuario
1950	: Acuario
1951	: Piscis
1952	: Aries
1953	: Tauro
1954	: Géminis
1955	: Cáncer
1956	: Leo
1957	: Virgo

1958	: Libra
1959	: Sagitario
1960	: Capricornio
1961	: Acuario
1962	: Acuario
del 25/3	: Piscis
1963	: Piscis
del 4/4	: Aries
1964	: Aries
del 12/4	: Tauro
1965	: Tauro
1966	: Géminis
1967	: Cáncer
1968	: Leo
1969	: Libra
del 30/3	: Virgo
1970	: Escorpio
1971	: Sagitario
1972	: Capricornio
1973	: Acuario
1974	: Piscis
1975	: Aries
1976	: Aries
del 26/3	: Tauro
1977	: Tauro
del 3/4	: Géminis
1978	: Géminis
del 12/4	: Cáncer
1979	: Cáncer
1980	: Virgo
1981	: Libra
1982	: Escorpio
1983	: Sagitario
1984	: Capricornio
1985	: Acuario
1986	: Piscis
1987	: Aries
1988	: Tauro
1989	: Géminis
1990	: Cáncer
1991	: Leo
1992	: Virgo
1993	: Libra
1994	: Escorpio
1995	: Sagitario
1996	: Capricornio
1997	: Acuario
1998	: Piscis
1999	: Aries
2000	: Tauro
del 1/7	: Géminis
2001	: Géminis
del 12/7	: Cáncer
2002	: Cáncer
del 1/8	: Leo
2003	: Leo
del 27/8	: Virgo
2004	: Virgo
del 25/9	: Libra
2005	: Libra
del 26/10	: Escorpio
2006	: Escorpio
del 24/11	: Sagitario
2007	: Sagitario
del 18/12	: Capricornio

TAURO

Descubra aquí en qué signo se encontraban los planetas lentos el año de su nacimiento.

Plutón		del 1979 al 1980	: Virgo	1955	: Cáncer
del 1940 al 1958	: Leo	del 1981 al 1982	: Libra	1956	: Leo
del 1959 al 1972	: Virgo	1983: Esc. del 6/5	: Libra	1957	: Virgo
del 1973 al 1983	: Libra	del 1984 al 1985	: Esc.	1958	: Libra
del 1984 al 1994	: Esc.	del 1986 al 1987	: Sag.	1959	: Sagitario
del 1995 al 2009	: Sag.	del 1988 al 1990	: Cánc.	del 24/4	: Escorpio
del 2009 al 2023	: Capr.	del 1991 al 1993	: Ac.	1960	: Capricornio
		del 1994 al 1995	: Piscis	1961	: Acuario
Neptuno		del 1996 al 1998	: Aries	1962	: Piscis
del 2/5/16 al 1929	: Leo	1999	: Tauro	1963	: Aries
del 1930 al 1943	: Virgo	del 1/3/99 al 20/4/01	: Géminis	1964	: Tauro
del 1944 al 1956	: Libra	del 20/4/01 al 22/4/05	: Cáncer	1965	: Tauro
del 1957 al 1969	: Esc.	del 22/4/05 al 2/9/07	: Leo	del 22/4	: Géminis
1970: Sag. del 3/5	: Esc.	del 2/9/07 al 29/10/09	: Virgo	1966	: Géminis
del 1971 al 1983	: Sag.			del 5/5	: Cáncer
del 1984 al 1997	: Capr.	**Júpiter**		1967	: Cáncer
del 1998 al 2012	: Ac.	1912	: Sagitario	1968	: Leo
		1913	: Capricornio	1969	: Virgo
Urano		1914	: Acuario	1970	: Escorpio
del 1912 al 1918	: Ac.	1915	: Piscis	del 30/4	: Libra
del 1919 al 1926	: Piscis	1916	: Aries	1971	: Sagitario
del 1927 al 1934	: Aries	1917	: Tauro	1972	: Capricornio
del 1935 al 14/4/42	: Tauro	1918	: Géminis	1973	: Acuario
del 15/4/42 al 1949	: Gém.	1919	: Cáncer	1974	: Piscis
del 1950 al 1956	: Cánc.	1920	: Leo	1975	: Aries
del 1957 al 1962	: Leo	1921	: Virgo	1976	: Tauro
del 1963 al 1968	: Virgo	1922	: Libra	1977	: Géminis
del 1969 al 1974	: Libra	1923	: Escorpio	1978	: Cáncer
1975: Esc. del 1/5	: Libra	1924	: Sagitario	1979	: Leo
del 1976 al 1981	: Esc.	1925	: Capricornio	1980	: Virgo
del 1982 al 1987	: Sag.	1926	: Acuario	1981	: Libra
del 1988 al 1995	: Capr.	1927	: Piscis	1982	: Escorpio
del 1996 al 2003	: Ac.	1928	: Aries	1983	: Sagitario
del 2003 al 2011	: Piscis	1929	: Tauro	1984	: Capricornio
		1930	: Géminis	1985	: Acuario
Saturno		1931	: Cáncer	1986	: Piscis
del 17/5/10 al 1912	: Tauro	1932	: Leo	1987	: Aries
del 1913 al 10/5/15	: Gém.	1933	: Virgo	1988	: Tauro
del 11/5/15 al 1917	: Cáncer	1934	: Libra	1989	: Géminis
del 1918 al 1919	: Leo	1935	: Escorpio	1990	: Cáncer
del 1920 al 1921	: Virgo	1936	: Sagitario	1991	: Leo
del 1922 al 1924	: Libra	1937	: Capricornio	1992	: Virgo
del 1925 al 1926	: Esc.	1938	: Acuario	1993	: Libra
del 1927 al 1928	: Sag.	del 14/5	: Piscis	1994	: Escorpio
1929: Capr. del 5/5	: Sag.	1939	: Piscis	1995	: Sagitario
del 1930 al 1931	: Capr.	del 11/5	: Aries	1996	: Capricornio
del 1932 al 1934	: Ac.	1940	: Aries	1997	: Acuario
del 1935 al 24/4/37	: Piscis	del 16/5	: Tauro	1998	: Piscis
del 25/4/37 al 1939	: Aries	1941	: Tauro	1999	: Aries
del 1940 al 7/5/42	: Tauro	1942	: Géminis	2000	: Tauro
del 8/5/42 al 1944	: Gém.	1943	: Cáncer	del 1/7	: Géminis
del 1945 al 1946	: Cáncer	1944	: Leo	2001	: Géminis
del 1947 al 1949	: Leo	1945	: Virgo	del 12/7	: Cáncer
del 1950 al 1951	: Virgo	1946	: Libra	2002	: Cáncer
del 1952 al 1953	: Libra	1947	: Escorpio	del 1/8	: Leo
del 1954 al 1955	: Esc.	1948	: Sagitario	2003	: Leo
del 1956 al 1958	: Sag.	1949	: Acuario	del 27/8	: Virgo
del 1959 al 1961	: Capr.	1950	: Piscis	2004	: Virgo
del 1962 al 1963	: Ac.	1951	: Piscis	del 25/9	: Libra
del 1964 al 1966	: Piscis	del 21/4	: Aries	2005	: Libra
del 1967 al 28/4/69	: Aries	1952	: Aries	del 26/10	: Escorpio
del 29/4/69 al 1971	: Tauro	del 28/4	: Tauro	2006	: Escorpio
del 1972 al 17/4/74	: Gém.	1953	: Tauro	del 24/11	: Sagitario
del 18/4/74 al 1976	: Cánc.	del 9/5	: Géminis	2007	: Sagitario
del 1977 al 1978	: Leo	1954	: Géminis	del 18/12	: Capricornio

84

GÉMINIS

Descubra aquí en qué signo se encontraban los planetas lentos el año de su nacimiento.

Plutón
del 14/6/39-10/6/58 : Leo
del 11/6/58 al 1972 : Virgo
del 1973 al 1984 : Libra
del 1985 al 1994 : Esc.
del 1995 al 2009 : Sag.
del 2009 al 2023 : Capr.

Neptuno
del 1916 al 1929 : Leo
del 1930 al 1943 : Virgo
del 1944 al 1956 : Libra
1957 Esc. del 16/6 : Libra
del 1958 al 1970 : Esc.
del 1971 al 1983 : Sag.
del 1984 al 1997 : Capr.
del 1998 al 2012 : Ac.

Urano
del 1912 al 1918 : Ac.
del 1919 al 1926 : Piscis
del 1927 al 6/6/34 : Aries
del 7/6/34 al 1941 : Tauro
del 1942 al 9/6/49 : Gém.
del 10/6/49-9/6/56 : Cáncer
del 10/6/56 al 1962 : Leo
del 1963 al 1969 : Virgo
del 1970 al 1975 : Libra
del 1976 al 1981 : Esc.
del 1982 al 1987 : Sag.
1988 Capr. del 27/5 : Sag.
del 1989 al 1994 : Capr.
1995 Ac. del 9/6 : Capr.
del 1996 al 2003 : Ac.
del 2003 al 2011 : Piscis

Saturno
del 1910 al 1912 : Tauro
del 1913 al 1914 : Gém.
del 1915 al 1917 : Cáncer
del 1918 al 1919 : Leo
del 1920 al 1921 : Virgo
del 1922 al 1924 : Libra
del 1925 al 1926 : Esc.
del 1927 al 1929 : Sag.
del 1930 al 1931 : Capr.
del 1932 al 1934 : Ac.
del 1935 al 1936 : Piscis
del 1937 al 1939 : Aries
del 1940 al 1941 : Tauro
del 1942 al 1944 : Gém.
del 1945 al 1946 : Cáncer
del 1947 al 28/5/49 : Leo
del 29/5/49 al 1951 : Virgo
del 1952 al 1953 : Libra
del 1954 al 1956 : Esc.
del 1957 al 1958 : Sag.
del 1959 al 1961 : Capr.
del 1962 al 1963 : Ac.
del 1964 al 1966 : Piscis
del 1967 al 1968 : Aries
del 1969 al 18/6/71 : Tauro
del 19/6/71 al 1973 : Gém.
del 1974 al 4/6/76 : Cáncer
del 5/6/76 al 1978 : Leo

del 1979 al 1980 : Virgo
del 1981 al 1983 : Libra
del 1984 al 1985 : Esc.
del 1986 al 1987 : Sag.
1988 Capr. del 10/6 : Sag.
del 1989 al 1990 : Capr.
del 1991 al 20/5/93 : Ac.
del 21/5/93 al 1995 : Piscis
del 1996 al 8/6/98 : Aries
del 9/6/98 al 1/3/99 : Tauro
del 1/3/99 al 20/4/01 : Géminis
del 20/4/01 al 22/4/05 : Cáncer
del 22/4/05 al 2/9/07 : Leo
del 2/9/07 al 29/10/09 : Virgo

Júpiter
1913 : Capricornio
1914 : Acuario
1915 : Piscis
1916 : Aries
1917 : Tauro
1918 : Géminis
1919 : Cáncer
1920 : Leo
1921 : Virgo
1922 : Libra
1923 : Escorpio
1924 : Sagitario
1925 : Capricornio
1926 : Acuario
1927 : Piscis
del 6/6 : Aries
1928 : Aries
del 4/6 : Tauro
1929 : Tauro
del 12/6 : Géminis
1930 : Géminis
1931 : Cáncer
1932 : Leo
1933 : Virgo
1934 : Libra
1935 : Escorpio
1936 : Sagitario
1937 : Capricornio
1938 : Piscis
1939 : Aries
1940 : Tauro
1941 : Tauro
del 26/5 : Géminis
1942 : Géminis
del 10/6 : Cáncer
1943 : Cáncer
1944 : Leo
1945 : Virgo
1946 : Libra
1947 : Escorpio
1948 : Sagitario
1949 : Acuario
1950 : Piscis
1951 : Aries
1952 : Tauro
1953 : Géminis
1954 : Géminis
del 24/5 : Cáncer
1955 : Cáncer

del 13/6 : Leo
1956 : Leo
1957 : Virgo
1958 : Libra
1959 : Escorpio
1960 : Capricornio
del 10/6 : Sagitario
1961 : Acuario
1962 : Piscis
1963 : Aries
1964 : Tauro
1965 : Géminis
1966 : Cáncer
1967 : Cáncer
del 23/5 : Leo
1968 : Leo
del 15/6 : Virgo
1969 : Virgo
1970 : Libra
1971 : Sagitario
del 5/6 : Escorpio
1972 : Capricornio
1973 : Acuario
1974 : Piscis
1975 : Aries
1976 : Tauro
1977 : Géminis
1978 : Cáncer
1979 : Leo
1980 : Virgo
1981 : Libra
1982 : Escorpio
1983 : Sagitario
1984 : Capricornio
1985 : Acuario
1986 : Piscis
1987 : Aries
1988 : Tauro
1989 : Géminis
1990 : Cáncer
1991 : Leo
1992 : Virgo
1993 : Libra
1994 : Escorpio
1995 : Sagitario
1996 : Capricornio
1997 : Acuario
1998 : Piscis
1999 : Aries
2000 : Tauro
del 1/7 : Géminis
2001 : Géminis
del 12/7 : Cáncer
2002 : Cáncer
del 1/8 : Leo
2003 : Leo
del 27/8 : Virgo
2004 : Virgo
del 25/9 : Libra
2005 : Libra
del 26/10 : Escorpio
2006 : Escorpio
del 24/11 : Sagitario
2007 : Sagitario
del 18/12 : Capricornio

CÁNCER

Descubra aquí en qué signo se encontraban los planetas lentos el año de su nacimiento.

Plutón
del 1939 al 1957 : Leo.
del 1958 al 1972 : Virgo
del 1973 al 1984 : Libra
del 1985 al 1994 : Esc.
del 1995 al 2009 : Sag.
del 2009 al 2023 : Capr.

Neptuno
del 20/7/15 al 1929 : Leo
del 1930 al 1943 : Virgo
del 1944 al 1957 : Libra
del 1958 al 1970 : Esc.
del 1971 al 1983 : Sag.
1984: Capr. del 23/6 : Sag.
del 1985 al 1997 : Capr.
del 1998 al 2012 : Ac.

Urano
del 1912 al 1918 : Ac.
del 1919 al 1926 : Piscis
del 1927 al 1933 : Aries
del 1934 al 1941 : Tauro
del 1942 al 1948 : Gém.
del 1949 al 1955 : Cáncer
del 1956 al 1962 : Leo
del 1963 al 23/6/69 : Virgo
del 24/6/69 al 1975 : Libra
del 1976 al 1981 : Esc.
del 1982 al 1988 : Sag.
del 1989 al 1995 : Capr.
del 1996 al 2003 : Ac.
del 2003 al 2011 : Piscis

Saturno
del 1910 al 6/7/12 : Tauro
del 7/7/12 al 1914 : Gém.
del 1915 al 24/6/17 : Cáncer
del 25/6/17 al 1919 : Leo
del 1920 al 1921 : Virgo
del 1922 al 1924 : Libra
del 1925 al 1926 : Esc.
del 1927 al 1929 : Sag.
del 1930 al 1931 : Capr.
del 1932 al 1934 : Ac.
del 1935 al 1936 : Piscis
del 1937 al 5/7/39 : Aries
del 6/7/39 al 1941 : Tauro
del 1942 al 1943 : Gém.
del 1944 al 1946 : Cáncer
del 1947 al 1948 : Leo
del 1949 al 1951 : Virgo
del 1952 al 1953 : Libra
del 1954 al 1956 : Esc.
del 1957 al 1958 : Sag.
del 1959 al 1961 : Capr.
del 1962 al 1963 : Ac.
del 1964 al 1966 : Piscis
del 1967 al 1968 : Aries
del 1969 al 1970 : Tauro
del 1971 al 1973 : Gém.
del 1974 al 1975 : Cáncer
del 1976 al 1978 : Leo
del 1979 al 1980 : Virgo
del 1981 al 1983 : Libra

del 1984 al 1985 : Esc.
del 1986 al 1988 : Sag.
del 1989 al 1990 : Capr.
del 1991 al 1992 : Ac.
1993: Pisc. del 30/6 : Ac.
del 1994 al 1995 : Piscis
del 1996 al 1997 : Aries
del 1998 al 1/3/99 : Tauro
del 1/3/99 al 20/4/01 : Géminis
del 20/4/01 al 22/4/05 : Cáncer
del 22/4/05 al 2/9/07 : Leo
del 2/9/07 al 29/10/09 : Virgo

Júpiter
1911 : Escorpio
1912 : Sagitario
1913 : Capricornio
1914 : Acuario
1915 : Piscis
1916 : Aries
del 26/6 : Tauro
1917 : Tauro
del 30/6 : Géminis
1918 : Géminis
del 13/7 : Cáncer
1919 : Cáncer
1920 : Leo
1921 : Virgo
1922 : Libra
1923 : Escorpio
1924 : Sagitario
1925 : Capricornio
1926 : Acuario
1927 : Aries
1928 : Tauro
1929 : Géminis
1930 : Géminis
del 27/6 : Cáncer
1931 : Cáncer
del 17/7 : Leo
1932 : Leo
1933 : Virgo
1934 : Libra
1935 : Escorpio
1936 : Sagitario
1937 : Capricornio
1938 : Piscis
1939 : Aries
1940 : Tauro
1941 : Géminis
1942 : Cáncer
1943 : Cáncer
del 1/7 : Leo
1944 : Leo
1945 : Virgo
1946 : Libra
1947 : Escorpio
1948 : Sagitario
1949 : Acuario
del 28/6 : Capricornio
1950 : Piscis
1951 : Aries
1952 : Tauro
1953 : Géminis
1954 : Cáncer

1955 : Leo
1956 : Leo
del 18/7 : Virgo
1957 : Virgo
1958 : Libra
1959 : Escorpio
1960 : Sagitario
1961 : Acuario
1962 : Piscis
1963 : Aries
1964 : Tauro
1965 : Géminis
1966 : Cáncer
1967 : Leo
1968 : Virgo
1969 : Virgo
del 16/7 : Libra
1970 : Libra
1971 : Escorpio
1972 : Capricornio
1973 : Acuario
1974 : Piscis
1975 : Aries
1976 : Tauro
1977 : Géminis
1978 : Cáncer
1979 : Leo
1980 : Virgo
1981 : Libra
1982 : Escorpio
1983 : Sagitario
1984 : Capricornio
1985 : Acuario
1986 : Piscis
1987 : Aries
1988 : Tauro
1989 : Géminis
1990 : Cáncer
1991 : Leo
1992 : Virgo
1993 : Libra
1994 : Escorpio
1995 : Sagitario
1996 : Capricornio
1997 : Acuario
1998 : Piscis
1999 : Aries
del 28/6 : Tauro
2000 : Tauro
del 30/6 : Géminis
del 1/7 : Géminis
2001 : Géminis
del 12/7 : Cáncer
2002 : Cáncer
del 1/8 : Leo
2003 : Leo
del 27/8 : Virgo
2004 : Virgo
del 25/9 : Libra
2005 : Libra
del 26/10 : Escorpio
2006 : Escorpio
del 24/11 : Sagitario
2007 : Sagitario
del 18/12 : Capricornio

LEO

Descubra aquí en qué signo se encontraban los planetas lentos el año de su nacimiento.

Plutón
del 4/8/38-18/8/57 : Leo
del 19/8/57-30/7/72 : Virgo
del 31/7/72 al 1984 : Libra
del 1985 al 1994 : Esc.
del 1995 al 2009 : Sag.
del 2009 al 2023 : Capr.

Neptuno
del 1915 al 24/7/29 : Leo
del 25/7/29-2/8/43 : Virgo
del 3/8/43 al 5/8/57 : Libra
del 6/8/57 al 1970 : Esc.
del 1971 al 1984 : Sag.
del 1985 al 1997 : Capr.
del 1998 al 2012 : Ac.

Urano
del 1912 al 1918 : Ac.
1919: Pisc. del 17/8 : Ac.
del 1920 al 1926 : Piscis
del 1927 al 1933 : Aries
del 1934 al 7/8/41 : Tauro
del 8/8/41 al 1948 : Gém.
del 1949 al 1955 : Cáncer
del 1956 al 9/8/62 : Leo
del 10/8/62 al 1968 : Virgo
del 1969 al 1975 : Libra
del 1976 al 1981 : Esc.
del 1982 al 1988 : Sag.
del 1989 al 1995 : Capr.
del 1996 al 2003 : Ac.
del 2003 al 2011 : Piscis

Saturno
del 1910 al 1911 : Tauro
del 1912 al 1914 : Gém.
del 1915 al 1916 : Cáncer
del 1917 al 12/8/19 : Leo
del 13/8/19 al 1921 : Virgo
del 1922 al 1924 : Libra
del 1925 al 1926 : Esc.
del 1927 al 1929 : Sag.
del 1930 al 1931 : Capr.
1932: Ac. del 31/8 : Capr.
del 1933 al 1934 : Ac.
del 1935 al 1936 : Piscis
del 1937 al 1938 : Aries
del 1939 al 1941 : Tauro
del 1942 al 1943 : Gém.
del 1944 al 2/8/46 : Cáncer
del 3/8/46 al 1948 : Leo
del 1949 al 13/8/51 : Virgo
del 14/8/51 al 1953 : Libra
del 1954 al 1956 : Esc.
del 1957 al 1958 : Sag.
del 1959 al 1961 : Capr.
del 1962 al 1963 : Ac.
del 1964 al 1966 : Piscis
del 1967 al 1968 : Aries
del 1969 al 1970 : Tauro
del 1971 al 1/8/73 : Gém.
del 2/8/73 al 1975 : Cáncer
del 1976 al 26/7/78 : Leo
del 26/7/78 al 1980 : Virgo

del 1981 al 1983 : Libra
del 1984 al 1985 : Esc.
del 1986 al 1988 : Sag.
del 1989 al 1990 : Capr.
del 1991 al 1993 : Ac.
del 1994 al 1995 : Piscis
del 1996 al 1997 : Aries
del 1998 al 1/3/1999 : Tauro
del 1/3/99 al 20/4/01 : Géminis
del 20/4/01 al 22/4/05 : Cáncer
del 22/4/05 al 2/9/07 : Leo
del 2/9/07 al 29/10/09 : Virgo

Júpiter
1911 : Escorpio
1912 : Sagitario
1913 : Capricornio
1914 : Acuario
1915 : Piscis
1916 : Tauro
1917 : Géminis
1918 : Cáncer
1919 : Cáncer
del 2/8 : Leo
1920 : Leo
1921 : Virgo
1922 : Libra
1923 : Escorpio
1924 : Sagitario
1925 : Capricornio
1926 : Acuario
1927 : Aries
1928 : Tauro
1929 : Géminis
1930 : Cáncer
1931 : Leo
1932 : Leo
del 11/8 : Virgo
1933 : Virgo
1934 : Libra
1935 : Escorpio
1936 : Sagitario
1937 : Capricornio
1938 : Piscis
del 30/7 : Acuario
1939 : Aries
1940 : Tauro
1941 : Géminis
1942 : Cáncer
1943 : Leo
1944 : Leo
del 16/7 : Virgo
1945 : Virgo
1946 : Libra
1947 : Escorpio
1948 : Sagitario
1949 : Capricornio
1950 : Piscis
1951 : Aries
1952 : Tauro
1953 : Géminis
1954 : Cáncer
1955 : Leo
1956 : Virgo
1957 : Virgo

del 7/8 : Libra
1958 : Libra
1959 : Escorpio
1960 : Sagitario
1961 : Acuario
del 12/8 : Capricornio
1962 : Piscis
1963 : Aries
1964 : Tauro
1965 : Géminis
1966 : Cáncer
1967 : Leo
1968 : Virgo
1969 : Libra
1970 : Libra
del 16/8 : Escorpio
1971 : Escorpio
1972 : Capricornio
del 25/7 : Sagitario
1973 : Acuario
1974 : Piscis
1975 : Aries
1976 : Tauro
1977 : Géminis
del 20/8 : Cáncer
1978 : Cáncer
1979 : Leo
1980 : Virgo
1981 : Libra
1982 : Escorpio
1983 : Sagitario
1984 : Capricornio
1985 : Acuario
1986 : Piscis
1987 : Aries
1988 : Géminis
1989 : Géminis
del 31/7 : Cáncer
1990 : Cáncer
del 18/8 : Leo
1991 : Leo
1992 : Virgo
1993 : Libra
1994 : Escorpio
1995 : Sagitario
1996 : Capricornio
1997 : Acuario
1998 : Piscis
1999 : Tauro
2000 : Géminis
del 1/7 : Géminis
2001 : Géminis
del 12/7 : Cáncer
2002 : Cáncer
del 1/8 : Leo
2003 : Leo
del 27/8 : Virgo
2004 : Virgo
del 25/9 : Libra
2005 : Libra
del 26/10 : Escorpio
2006 : Escorpio
del 24/11 : Sagitario
2007 : Sagitario
del 18/12 : Capricornio

87

VIRGO

Descubra aquí en qué signo se encontraban los planetas lentos el año de su nacimiento.

Plutón
del 1938 al 1956 : Leo
del 1957 al 1971 : Virgo
del 1972 al 27/9/84 : Libra
del 28/9/84 al 1994 : Esc.
del 1995 al 2009 : Sag.
del 2009 al 2023 : Capr.

Neptuno
del 1915 al 21/9/28 : Leo
del 22/9/28 al 1942 : Virgo
del 1943 al 1956 : Libra
del 1957 al 1970 : Esc.
del 1971 al 1984 : Sag.
del 1985 al 1997 : Capr.
del 1998 al 2012 : Ac.

Urano
del 1912 al 1919 : Ac.
del 1920 al 1926 : Piscis
del 1927 al 1933 : Aries
del 1934 al 1940 : Tauro
del 1941 al 30/8/48 : Gém.
del 31/8/48 al 24/8/55 : Cáncer
del 25/8/55 al 1961 : Leo
del 1962 al 1968 : Virgo
del 1969 al 7/9/75 : Libra
del 8/9/75 al 1981 : Esc.
del 1982 al 1988 : Sag.
del 1989 al 1995 : Capr.
del 1996 al 2003 : Ac.
del 2003 al 2011 : Piscis

Saturno
del 1910 al 1911 : Tauro
del 1912 al 1913 : Gém.
del 1914 al 1916 : Cáncer
del 1917 al 1918 : Leo
del 1919 al 1921 : Virgo
del 1922 al 13/9/24 : Libra
del 14/9/24 al 1926 : Esc.
del 1927 al 1929 : Sag.
del 1930 al 1932 : Capr.
del 1933 al 1934 : Ac.
del 1935 al 1936 : Piscis
del 1937 al 1938 : Aries
del 1939 al 1941 : Tauro
del 1942 al 1943 : Gém.
del 1944 al 1945 : Cáncer
del 1946 al 18/9/48 : Leo
del 19/9/48 al 1950 : Virgo
del 1951 al 1953 : Libra
del 1954 al 1956 : Esc.
del 1957 al 1958 : Sag.
del 1959 al 1961 : Capr.
del 1962 al 1963 : Ac.
del 1964 al 1966 : Piscis
del 1967 al 1968 : Aries
del 1969 al 1970 : Tauro
del 1971 al 1972 : Gém.
del 1973 al 16/9/75 : Cáncer
del 17/9/75 al 1977 : Leo
del 1978 al 1980 : Virgo
del 1981 al 1982 : Libra
del 1983 al 1985 : Esc.

del 1986 al 1988 : Sag.
del 1989 al 1990 : Capr.
del 1991 al 1993 : Ac.
del 1994 al 1995 : Piscis
del 1996 al 1997 : Aries
del 1998 al 1999 : Tauro
del 1/3/99 al 20/4/01 : Géminis
del 20/4/01 al 22/4/05 : Cáncer
del 22/4/05 al 2/9/07 : Leo
del 2/9/07 al 29/10/09 : Virgo

Júpiter
1908 : Leo
del 12/9 : Virgo
1909 : Virgo
1910 : Libra
1911 : Escorpio
1912 : Sagitario
1913 : Capricornio
1914 : Acuario
1915 : Piscis
1916 : Tauro
1917 : Géminis
1918 : Cáncer
1919 : Leo
1920 : Leo
del 27/8 : Virgo
1921 : Virgo
1922 : Libra
1923 : Escorpio
1924 : Sagitario
1925 : Capricornio
1926 : Acuario
1927 : Aries
1928 : Tauro
1929 : Géminis
1930 : Cáncer
1931 : Leo
1932 : Virgo
1933 : Virgo
del 10/9 : Libra
1934 : Libra
1935 : Escorpio
1936 : Sagitario
1937 : Capricornio
1938 : Acuario
1939 : Aries
1940 : Tauro
1941 : Géminis
1942 : Cáncer
1943 : Leo
1944 : Virgo
1945 : Virgo
del 25/8 : Libra
1946 : Libra
1947 : Escorpio
1948 : Sagitario
1949 : Capricornio
1950 : Piscis
del 15/9 : Acuario
1951 : Aries
1952 : Tauro
1953 : Géminis
1954 : Cáncer
1955 : Leo

1956 : Virgo
1957 : Libra
1958 : Libra
del 7/9 : Escorpio
1959 : Escorpio
1960 : Sagitario
1961 : Capricornio
1962 : Piscis
1963 : Aries
1964 : Tauro
1965 : Géminis
del 21/9 : Cáncer
1966 : Cáncer
1967 : Leo
1968 : Virgo
1969 : Libra
1970 : Escorpio
1971 : Escorpio
del 12/9 : Sagitario
1972 : Sagitario
1973 : Acuario
1974 : Piscis
1975 : Aries
1976 : Géminis
1977 : Cáncer
1978 : Cáncer
del 5/9 : Leo
1979 : Leo
1980 : Virgo
1981 : Libra
1982 : Escorpio
1983 : Sagitario
1984 : Capricornio
1985 : Acuario
1986 : Piscis
1987 : Aries
1988 : Géminis
1989 : Cáncer
1990 : Leo
1991 : Leo
del 12/9 : Virgo
1992 : Virgo
1993 : Libra
1994 : Escorpio
1995 : Sagitario
1996 : Capricornio
1997 : Acuario
1998 : Piscis
1999 : Tauro
2000 : Géminis
del 1/7 : Géminis
2001 : Géminis
del 12/7 : Cáncer
2002 : Cáncer
del 1/8 : Leo
2003 : Leo
del 27/8 : Virgo
2004 : Virgo
del 25/9 : Libra
2005 : Libra
del 26/10 : Escorpio
2006 : Escorpio
del 24/11 : Sagitario
2007 : Sagitario
del 18/12 : Capricornio

LIBRA

Descubra aquí en qué signo se encontraban los planetas lentos el año de su nacimiento.

Plutón
del 1913 al 6/10/37 : Cáncer
del 7/10/37 al 19/10/56 : Leo
del 20/10/56 al 4/10/71 : Virgo
5/10/71 al 1983 : Libra
del 1984 al 1994 : Esc.
del 1995 al 2009 : Sag.
del 2009 al 2023 : Capr.

Neptuno
del 1914 al 1927 : Leo
del 1928 al 3/10/42 : Virgo
4/10/42 al 18/10/56 : Libra
del 19/10/56 al 1970 : Esc.
del 1971 al 1984 : Sag.
del 1985 al 1997 : Capr.
del 1998 al 2012 : Ac.

Urano
del 1913 al 1919 : Ac.
del 1920 al 1926 : Piscis
del 1927 al 1933 : Aries
1934: Tauro del 10/10 : Aries
del 1935 al 1940 : Tauro
1941: Gé. del 5/10 : Tauro
del 1942 al 1947 : Gém.
del 1948 al 1954 : Cáncer
del 1955 al 1961 : Leo
del 1962 al 28/9/68 : Virgo
del 29/9/68 al 1974 : Libra
del 1975 al 1981 : Esc.
del 1982 al 1988 : Sag.
del 1989 al 1995 : Capr.
del 1996 al 2003 : Ac.
del 2003 al 2011 : Piscis

Saturno
del 1910 al 1911 : Tauro
del 1912 al 1913 : Gém.
del 1914 al 17/10/16 : Cáncer
del 18/10/16 al 1918 : Leo
del 1919 al 7/10/21 : Virgo
del 8/10/21 al 1923 : Libra
del 1924 al 1926 : Esc.
del 1927 al 1929 : Sag.
del 1930 al 1932 : Capr.
del 1933 al 1934 : Ac.
del 1935 al 1936 : Piscis
1937: Aries del 18/10 : Piscis
del 1938 al 1939 : Aries
del 1940 al 1941 : Tauro
del 1942 al 1943 : Gém.
del 1944 al 1945 : Cáncer
del 1946 al 1947 : Leo
del 1948 al 1950 : Virgo
del 1951 al 1953 : Libra
del 1954 al 10/10/56 : Esc.
del 11/10/56 al 1958 : Sag.
del 1959 al 1961 : Capr.
del 1962 al 1964 : Ac.
del 1965 al 1966 : Piscis
del 1967 al 1968 : Aries
del 1969 al 1970 : Tauro
del 1971 al 1972 : Gém.
del 1973 al 1974 : Cáncer

del 1975 al 1977 : Leo
del 1978 al 1979 : Virgo
del 1980 al 1982 : Libra
del 1983 al 1985 : Esc.
del 1986 al 1988 : Sag.
del 1989 al 1990 : Capr.
del 1991 al 1993 : Ac.
del 1994 al 1995 : Piscis
del 1996 al 1997 : Aries
del 1998 al 1/3/99 : Tauro
del 1/3/99 al 20/4/01 : Gém.
del 20/4/01 al 22/4/05 : Cáncer
del 22/4/05 al 2/9/07 : Leo
del 2/9/07 al 29/10/09 : Virgo

Júpiter
1911 : Escorpio
1912 : Sagitario
1913 : Capricornio
1914 : Acuario
1915 : Piscis
1916 : Tauro
1917 : Géminis
1918 : Cáncer
1919 : Leo
1920 : Virgo
1921 : Virgo
del 26/9 : Libra
1922 : Libra
1923 : Escorpio
1924 : Sagitario
1925 : Capricornio
1926 : Acuario
1927 : Piscis
1928 : Tauro
1929 : Géminis
1930 : Cáncer
1931 : Leo
1932 : Virgo
1933 : Libra
1934 : Libra
del 11/10 : Escorpio
1935 : Escorpio
1936 : Sagitario
1937 : Capricornio
1938 : Acuario
1939 : Aries
1940 : Tauro
1941 : Géminis
1942 : Cáncer
1943 : Leo
1944 : Virgo
1945 : Libra
1946 : Libra
del 25/9 : Escorpio
1947 : Escorpio
1948 : Sagitario
1949 : Capricornio
1950 : Acuario
1951 : Aries
1952 : Tauro
1953 : Géminis
1954 : Cáncer
1955 : Leo
1956 : Virgo

1957 : Libra
1958 : Escorpio
1959 : Escorpio
del 5/10 : Sagitario
1960 : Sagitario
1961 : Capricornio
1962 : Piscis
1963 : Aries
1964 : Tauro
1965 : Cáncer
1966 : Cáncer
del 27/9 : Leo
1967 : Leo
del 19/10 : Virgo
1968 : Virgo
1969 : Libra
1970 : Escorpio
1971 : Sagitario
1972 : Sagitario
del 26/9 : Capricornio
1973 : Acuario
1974 : Piscis
1975 : Aries
1976 : Géminis
1977 : Cáncer
1978 : Leo
1979 : Leo
del 29/9 : Virgo
1980 : Virgo
1981 : Libra
1982 : Escorpio
1983 : Sagitario
1984 : Capricornio
1985 : Acuario
1986 : Piscis
1987 : Aries
1988 : Géminis
1989 : Cáncer
1990 : Leo
1991 : Virgo
1992 : Virgo
del 10/10 : Libra
1993 : Libra
1994 : Escorpio
1995 : Sagitario
1996 : Capricornio
1997 : Acuario
1998 : Piscis
1999 : Tauro
2000 : Géminis
del 1/7 : Géminis
2001 : Géminis
del 12/7 : Cáncer
2002 : Cáncer
del 1/8 : Leo
2003 : Leo
del 27/8 : Virgo
2004 : Virgo
del 25/9 : Libra
2005 : Libra
del 26/10 : Escorpio
2006 : Escorpio
del 24/11 : Sagitario
2007 : Sagitario
del 18/12 : Capricornio

89

ESCORPIO

Descubra aquí en qué signo se encontraban los planetas lentos el año de su nacimiento.

Plutón
del 1937 al 1955 : Leo
del 1956 al 1970 : Virgo
del 1971 al 5/11/83 : Libra
del 6/11/83 al 9/11/95 : Esc.
del 10/11/95 al 2009 : Sag.
del 2009 al 2023 : Capr.

Neptuno
del 1914 al 1927 : Leo
del 1928 al 1941 : Virgo
del 1942 al 1955 : Libra
del 1956 al 6/11/70 : Esc.
del 7/11/70 al 20/11/84 : Sag.
del 21/11/84 al 1998 : Capr.
del 1999 al 2012 : Ac.

Urano
del 12/11/12 al 1919 : Ac.
del 1920 al 1926 : Piscis
1927: Aries del 4/11 : Piscis
del 1928 al 1934 : Aries
del 1935 al 1941 : Tauro
del 1942 al 1947 : Gém.
1948: Cán. del 21/11 : Gém.
del 1949 al 1954 : Cáncer
del 1955 al 1/11/61 : Leo
del 2/11/61 al 1967 : Virgo
del 1968 al 20/11/74 : Libra
del 21/11/74 al 16/11/81 : Esc.
del 16/11/81 al 1988 : Sag.
del 1989 al 1995 : Capr.
del 1996 al 2003 : Ac.
del 2003 al 2011 : Piscis

Saturno
del 1910 al 1911 : Tauro
del 1912 al 1913 : Gém.
del 1914 al 1915 : Cáncer
del 1916 al 1918 : Leo
del 1919 al 1920 : Virgo
del 1921 al 1923 : Libra
del 1924 al 1926 : Esc.
del 1927 al 1929 : Sag.
del 1930 al 19/11/32 : Capr.
del 20/11/32 al 1934 : Ac.
del 1935 al 1937 : Piscis
del 1938 al 1939 : Aries
del 1940 al 1941 : Tauro
del 1942 al 1943 : Gém.
del 1944 al 1945 : Cáncer
del 1946 al 1947 : Leo
del 1948 al 20/11/50 : Virgo
del 21/11/50 al 1952 : Libra
del 1953 al 1955 : Esc.
del 1956 al 1958 : Sag.
del 1959 al 1961 : Capr.
del 1962 al 1964 : Ac.
del 1965 al 1966 : Piscis
del 1967 al 1968 : Aries
del 1969 al 1970 : Tauro
del 1971 al 1972 : Gém.
del 1973 al 1974 : Cáncer
del 1975 al 16/11/77 : Leo
del 17/11/77 al 1979 : Virgo

del 1980 al 1982 : Libra
del 1983 al 16/11/85 : Esc.
del 17/11/85 al 11/11/88 : Sag.
del 12/11/88 al 1990 : Capr.
del 1991 al 1993 : Ac.
del 1994 al 1995 : Piscis
del 1996 al 1997 : Aries
1998: Tauro del 26/10 : Aries
1999 : Tauro
del 1/3/99 al 20/4/01 : Gém.
del 20/4/01 al 22/4/05 : Cáncer
del 22/4/05 al 2/9/07 : Leo
del 2/9/07 al 29/10/09 : Virgo

Júpiter
1913 : Capricornio
1914 : Acuario
1915 : Piscis
1916 : Tauro
del 27/10 : Aries
1917 : Géminis
1918 : Cáncer
1919 : Leo
1920 : Virgo
1921 : Libra
1922 : Libra
del 27/10 : Escorpio
1923 : Escorpio
1924 : Sagitario
1925 : Capricornio
1926 : Acuario
1927 : Piscis
1928 : Tauro
1929 : Géminis
1930 : Cáncer
1931 : Leo
1932 : Virgo
1933 : Libra
1934 : Escorpio
1935 : Escorpio
del 9/11 : Sagitario
1936 : Sagitario
1937 : Capricornio
1938 : Acuario
1939 : Aries
del 30/10 : Piscis
1940 : Tauro
1941 : Géminis
1942 : Cáncer
1943 : Leo
1944 : Virgo
1945 : Libra
1946 : Escorpio
1947 : Escorpio
1948 : Sagitario
del 15/11 : Capricornio
1949 : Capricornio
1950 : Acuario
1951 : Aries
1952 : Tauro
1953 : Géminis
1954 : Cáncer
1955 : Leo
del 17/11 : Virgo
1956 : Virgo

1957 : Libra
1958 : Escorpio
1959 : Sagitario
1960 : Sagitario
del 26/10 : Capricornio
1961 : Capricornio
del 4/11 : Acuario
1962 : Piscis
1963 : Aries
1964 : Tauro
1965 : Cáncer
del 17/11 : Géminis
1966 : Leo
1967 : Virgo
1968 : Virgo
del 16/11 : Libra
1969 : Libra
1970 : Escorpio
1971 : Sagitario
1972 : Capricornio
1973 : Acuario
1974 : Piscis
1975 : Aries
1976 : Tauro
1977 : Cáncer
1978 : Leo
1979 : Virgo
1980 : Virgo
del 27/10 : Libra
1981 : Libra
1982 : Escorpio
1983 : Sagitario
1984 : Capricornio
1985 : Acuario
1986 : Piscis
1987 : Aries
1988 : Géminis
1989 : Cáncer
1990 : Leo
1991 : Virgo
1992 : Libra
1993 : Libra
del 10/11 : Escorpio
1994 : Escorpio
1995 : Sagitario
1996 : Capricornio
1997 : Acuario
1998 : Piscis
1999 : Aries
2000 : Géminis
del 1/7 : Géminis
2001 : Géminis
del 12/7 : Cáncer
2002 : Cáncer
del 1/8 : Leo
2003 : Leo
del 27/8 : Virgo
2004 : Virgo
del 25/9 : Libra
2005 : Libra
del 26/10 : Escorpio
2006 : Escorpio
del 24/11 : Sagitario
2007 : Sagitario
del 18/12 : Capricornio

SAGITARIO

Descubra aquí en qué signo se encontraban los planetas lentos el año de su nacimiento.

Plutón
1937: Leo del 25/11 : Cáncer
del 1938 al 1955 : Leo
del 1956 al 1970 : Virgo
del 1971 al 1982 : Libra
del 1983 al 1994 : Esc.
del 1995 al 2009 : Sag.
del 2009 al 2023 : Capr.

Neptuno
1914: Leo del 15/12 : Cáncer
del 1915 al 1927 : Leo
del 1928 al 1941 : Virgo
del 1942 al 1955 : Libra
del 1956 al 1969 : Esc.
del 1970 al 1983 : Sag.
del 1984 al 27/11/98 : Capr.
del 28/11/98 al 2012 : Ac.

Urano
del 1912 al 1919 : Ac.
del 1920 al 1927 : Piscis
del 1928 al 1934 : Aries
del 1935 al 1941 : Tauro
del 1942 al 1948 : Gém.
del 1949 al 1954 : Cáncer
del 1955 al 1960 : Leo
del 1961 al 1967 : Virgo
del 1968 al 1973 : Libra
del 1974 al 1980 : Esc.
del 1981 al 2/12/88 : Sag.
del 3/12/88 al 1995 : Capr.
del 1996 al 2003 : Ac.
del 2003 al 2011 : Piscis

Saturno
1910 : Tauro del 15/12 : Aries
1911 : Tauro
1912 : Gém. del 1/12 : Tauro
1913 : Géminis
1914: Cánc. del 7/12 : Gém.
1915 : Cáncer
1916: Leo del 8/12 : Cáncer
del 1917 al 1918 : Leo
del 1919 al 1920 : Virgo
del 1921 al 19/12/23 : Libra
del 20/12/23 al 2/12/26: Esc.
del 3/12/26 al 30/11/29: Sag.
del 1/12/29 al 1931 : Capr.
del 1932 al 1934 : Ac.
del 1935 al 1937 : Piscis
del 1938 al 1939 : Aries
del 1940 al 1941 : Tauro
del 1942 al 1943 : Gém.
del 1944 al 1945 : Cáncer
del 1946 al 1947 : Leo
del 1948 al 1949 : Virgo
del 1950 al 1952 : Libra
del 1953 al 1955 : Esc.
del 1956 al 1958 : Sag.
del 1959 al 1961 : Capr.
del 1962 al 15/12/64 : Ac.
del 16/12/64 al 1966 : Piscis
del 1967 al 1968 : Aries
del 1969 al 1970 : Tauro

del 1971 al 1972 : Gém.
del 1973 al 1974 : Cáncer
del 1975 al 1976 : Leo
del 1977 al 1979 : Virgo
del 1980 al 28/11/82 : Libra
del 29/11/82 al 1984 : Esc.
del 1985 al 1987 : Sag.
del 1988 al 1990 : Capr.
del 1991 al 1993 : Ac.
del 1994 al 1995 : Piscis
del 1996 al 1998 : Aries
1999 : Tauro
del 1/3/99 al 20/4/01 : Gém.
del 20/4/01 al 22/4/05 : Cáncer
del 22/4/05 al 2/9/07 : Leo
del 2/9/07 al 29/10/09 : Virgo

Júpiter
1914 : Acuario
1915 : Piscis
1916 : Aries
1917 : Géminis
1918 : Cáncer
1919 : Leo
1920 : Virgo
1921 : Libra
1922 : Escorpio
1923 : Escorpio
del 25/11 : Sagitario
1924 : Sagitario
del 18/12 : Capricornio
1925 : Capricornio
1926 : Acuario
1927 : Piscis
1928 : Tauro
1929 : Géminis
1930 : Cáncer
1931 : Leo
1932 : Virgo
1933 : Libra
1934 : Escorpio
1935 : Sagitario
1936 : Sagitario
del 2/12 : Capricornio
1937 : Capricornio
1938 : Acuario
1939 : Piscis
1940 : Tauro
1941 : Géminis
1942 : Cáncer
1943 : Leo
1944 : Virgo
1945 : Libra
1946 : Escorpio
1947 : Sagitario
1948 : Capricornio
1949 : Capricornio
del 1/12 : Acuario
1950 : Acuario
del 2/12 : Piscis
1951 : Aries
1952 : Tauro
1953 : Géminis
1954 : Cáncer
1955 : Virgo

1956 : Virgo
del 13/12 : Libra
1957 : Libra
1958 : Escorpio
1959 : Sagitario
1960 : Capricornio
1961 : Acuario
1962 : Piscis
1963 : Aries
1964 : Tauro
1965 : Géminis
1966 : Leo
1967 : Virgo
1968 : Libra
1969 : Libra
del 17/12 : Escorpio
1970 : Escorpio
1971 : Sagitario
1972 : Capricornio
1973 : Acuario
1974 : Piscis
1975 : Aries
1976 : Tauro
1977 : Cáncer
1978 : Leo
1979 : Virgo
1980 : Libra
1981 : Libra
del 27/11 : Escorpio
1982 : Escorpio
1983 : Sagitario
1984 : Capricornio
1985 : Acuario
1986 : Piscis
1987 : Aries
1988 : Géminis
del 1/12 : Tauro
1989 : Cáncer
1990 : Leo
1991 : Virgo
1992 : Libra
1993 : Escorpio
1994 : Escorpio
del 9/12 : Sagitario
1995 : Sagitario
1996 : Capricornio
1997 : Acuario
1998 : Piscis
1999 : Aries
2000 : Géminis
del 1/7 : Géminis
2001 : Géminis
del 12/7 : Cáncer
2002 : Cáncer
del 1/8 : Leo
2003 : Leo
del 27/8 : Virgo
2004 : Virgo
del 25/9 : Libra
2005 : Libra
del 26/10 : Escorpio
2006 : Escorpio
del 24/11 : Sagitario
2007 : Sagitario
del 18/12 : Capricornio

CAPRICORNIO

Descubra aquí en qué signo se encontraban los planetas lentos el año de su nacimiento.

Plutón
dic.1938-en.1956 : Leo
dic.1956-14/1/57 : Virgo
del 15/1/57 : Leo
dic.1957-en.1971 : Virgo
dic.1971-en.1983 : Libra
dic.1983-16/1/95 : Esc.
17/1/95-dic.2009 : Sag.
del 2009 al 2023 : Capr.

Neptuno
dic.1915-en.1928 : Leo
dic.1928-en.1942 : Virgo
dic.1942-24/12/55 : Libra
25/12/55-4/1/70 : Esc.
5/1/70-en.1984 : Sag.
dic.1984-en.1998 : Capr.
dic.1998-dic.2012 : Ac.

Urano
dic.1912-en.1920 : Ac.
dic.1920-12/1/28 : Piscis
13/1/28-en.1935 : Aries
dic.1935-en.1942 : Tauro
dic.1942-3n.1949 : Gém.
dic.1949-en.1955 : Cáncer
dic.1955-en.1961 : Leo
dic.1961-9/1/62 : Virgo
del 10/1/62 : Virgo
dic.1962-en.1968 : Virgo
dic.1968-en.1974 : Libra
dic.1974-en.1981 : Esc.
dic.1981-en.1988 : Sag.
dic.1988-11/1/96 : Capr.
12/1/96-dic.2003 : Ac.
del 2003 al 2011 : Piscis

Saturno
dic.1911-en.1913 : Tauro
dic.1913-en.1915 : Gém.
dic.1915-en.1917 : Cáncer
dic.1917-en.1919 : Leo
dic.1919-en.1921 : Virgo
dic.1921-en.1923 : Libra
dic.1923-en.1926 : Esc.
dic.1926-en.1929 : Sag.
dic.1929-en.1932 : Capr.
dic.1932-en.1935 : Ac.
dic.1935-13/1/38 : Piscis
14/1/38-en.1940 : Aries
dic.1940-en.1942 : Tauro
dic.1942-en.1944 : Gém.
dic.1944-en.1946 : Cáncer
dic.1946-en.1948 : Leo
dic.1948.en.1950 : Virgo
dic.1950.en.1953 : Libra
dic.1953.12/1/56 : Esc.
13/1/56-5/1/59 : Sag.
6/1/59-3/1/62 : Capr.
4/1/62-en.1964 : Ac.
dic.1964-en.1967 : Piscis
dic.1967-en.1969 : Aries
dic.1969-en.1971 : Tauro
dic.1971-9/1/72 : Gém.
del 10/1/72 : Tauro

dic.1972-en.1973 : Gém.
dic.1973-7/1/74 : Cáncer
del 8/1/74 : Gém.
dic.1974-en.1975 : Cáncer
dic.1975-14/1/76 : Leo
del 14/1/76 : Cáncer
dic.1976-en.1977 : Leo
dic.1977-4/1/78 : Virgo
del 5/1/78 : Leo
dic.1978-en.1980 : Virgo
dic.1980-en.1982 : Libra
dic.1982-en.1985 : Esc.
dic.1985-en.1988 : Sag.
dic.1988-en.1991 : Capr.
dic.1991-en.1994 : Ac.
dic.1994-en.1996 : Piscis
dic.1996-en.1999 : Aries
del 1/2/99-20/4/01 : Gém.
del 20/4/01-22/4/05 : Cáncer
del 22/4/05 al 2/9/07: Leo
del 2/9/07 al 29/10/09: Virgo

Júpiter
dic.1906-en.1907 : Cáncer
dic.1907-en.1908 : Leo
dic.1908-en.1909 : Virgo
dic.1909-en.1910 : Libra
dic.1910-en.1911 : Esc.
dic.1911-2/1/13 : Sag.
3/1/13-en.1914 : Capr.
dic.1914-en.1915 : Ac.
dic.1915-en.1916 : Piscis
dic.1916-en.1917 : Aries
dic.1917-en.1918 : Gém.
dic.1918-en.1919 : Cáncer
dic.1919-en.1920 : Leo
dic.1920-en.1921 : Virgo
dic.1921-en.1922 : Libra
dic.1922-en.1923 : Esc.
dic.1923-en.1924 : Sag.
dic. 1925 ?????
dic.5-1-1926 : Capr.
6/1/26-17/1/27 : Ac.
18/1/27-en.1928 : Piscis
dic.1928-en.1929 : Tauro
dic.1929-en.1930 : Gém.
dic.1930-en.1931 : Cáncer
dic.1931-en.1932 : Leo
dic.1932-en.1933 : Virgo
dic.1933-en.1934 : Libra
dic.1934-en.1935 : Esc.
dic.1935-en.1936 : Sag.
dic.1936-en.1937 : Capr.
dic.1937-29/12/38 : Ac.
30/12/38-en.1939 : Piscis
dic.1939-en.1940 : Aries
dic.1940-en.1941 : Tauro
dic.1941-en.1942 : Gém.
dic.1942-en.1943 : Cáncer
dic.1943-en.1944 : Leo
dic.1944-en.1945 : Virgo
dic.1945-en.1946 : Libra
dic.1946-en.1947 : Esc.
dic.1947-en.1948 : Sag.
dic.1948-en.1949 : Capr.

dic.1949-en.1950 : Ac.
dic.1950-en.1951 : Piscis
dic.1951-en.1952 : Aries
dic.1952-en.1953 : Tauro
dic.1953-en.1954 : Gém.
dic.1954-en.1955 : Cáncer
dic.1955-17/1/56 : Virgo
del 18/1/56 : Leo
dic.1956-13/1/58 : Libra
14/1/58-en.1959 : Esc.
dic.1959-en.1960 : Sag.
dic.1960-en.1961 : Capr.
dic.1961-en.1962 : Ac.
dic.1962-en.1963 : Piscis
dic.1963-en.1964 : Aries
dic.1964-en.1965 : Tauro
dic.1965-en.1966 : Gém.
dic.1966-15/1/67 : Leo
dic.1967-en.1968 : Virgo
dic.1968-en.1969 : Libra
dic.1969-13/1/71 : Esc.
14/1/71-en.1972 : Sag.
dic.1972-en.1973 : Capr.
dic.1973-en.1974 : Ac.
dic.1974-en.1975 : Piscis
dic.1975-en.1976 : Aries
dic.1976-en.1977 : Tauro
dic.1977 : Cáncer
31/12/77-en.1978 : Gém.
dic.1978-en.1979 : Leo
dic.1979-en.1980 : Virgo
dic.1980-en.1981 : Libra
dic.1981-25/12/82 : Esc.
26/12/82-en.1984 : Sag.
dic.1984-en.1985 : Capr.
dic.1985-en.1986 : Ac.
dic.1986-en.1987 : Piscis
dic.1987-en.1988 : Aries
dic.1988-en.1989 : Tauro
dic.1989-en.1990 : Cáncer
dic.1990-en.1991 : Leo
dic.1991-en.1992 : Virgo
dic.1992-en.1993 : Libra
dic.1993-en.1994 : Esc.
dic.1994-2/1/96 : Sag.
3/1/96-en.1997 : Capr.
dic.1997-en.1998 : Ac.
dic.1998-en.1999 : Piscis
dic.1999-en.2000 : Aries
dic.2000 : Gém.
2001 : Gém.
del 12/7 : Cáncer
2002 : Cáncer
del 1/8 : Leo
2003 : Leo
del 27/8 : Virgo
2004 : Virgo
del 25/9 : Libra
2005 : Libra
del 26/10 : Esc.
2006 : Esc.
del 24/11 : Sag.
2007 : Sag.
del 18/12 : Capr.

ACUARIO
Descubra aquí en qué signo se encontraban los planetas lentos el año de su nacimiento.

Plutón
1939: Leo del 7/2
del 1940 al 1957 : Leo
del 1958 al 1971 : Virgo
del 1972 al 1983 : Libra
del 1984 al 1994 : Esc.
del 1995 al 2009 : Sag.
del 2009 al 2023 : Capr.

Neptuno
del 1916 al 1928 : Leo
del 1929 al 1942 : Virgo
del 1943 al 1955 : Libra
del 1956 al 1969 : Esc.
del 1970 al 1983 : Sag.
del 1984 al 28/1/98 : Capr.
del 29/1/98 al 2012 : Ac.

Urano
del 31/1/12 al 22/1/20 : Ac.
del 23/1/20 al 1927 : Piscis
del 1928 al 1935 : Aries
del 1936 al 1942 : Tauro
del 1943 al 1949 : Gém.
del 1950 al 1955 : Cáncer
1956: Leo del 28/1 : Cáncer
del 1957 al 1962 : Leo
del 1963 al 1968 : Virgo
del 1969 al 1974 : Libra
del 1975 al 1981 : Esc.
del 1982 al 14/2/88 : Sag.
del 15/2/88 al 1995 : Capr.
del 1996 al 2003 : Ac.
del 2003 al 2011 : Piscis

Saturno
del 1911 al 1913 : Tauro
del 1914 al 1915 : Gém.
del 1916 al 1917 : Cánc.
del 1918 al 1919 : Leo
del 1920 al 1921 : Virgo
del 1922 al 1923 : Libra
del 1924 al 1926 : Esc.
del 1927 al 1929 : Sag.
del 1930 al 1932 : Capr.
del 1933 al 14/2/35 : Ac.
del 15/2/35 al 1937 : Piscis
del 1938 al 1940 : Aries
del 1941 al 1942 : Tauro
del 1943 al 1944 : Gém.
del 1945 al 1946 : Cáncer
del 1947 al 1948 : Leo
del 1949 al 1950 : Virgo
del 1951 al 1953 : Libra
del 1954 al 1955 : Esc.
del 1956 al 1958 : Sag.
del 1959 al 1961 : Capr.
del 1962 al 1964 : Ac.
del 1965 al 1967 : Piscis
del 1968 al 1969 : Aries
del 1970 al 1972 : Tauro
del 1973 al 1974 : Gém.
del 1975 al 1976 : Cáncer
del 1977 al 1978 : Leo
del 1979 al 1980 : Virgo

del 1981 al 1982 : Libra
del 1983 al 1985 : Esc.
del 1986 al 13/2/88 : Sag.
del 14/2/88 al 6/2/91 : Capr.
del 7/2/91 al 28/1/94 : Ac.
del 29/1/94 al 1996 : Piscis
del 1997 al 1999 : Aries
del 1/3/99 al 20/4/01 : Gém.
del 20/4/01 al 22/4/05 : Cáncer
del 22/4/05 al 2/9/07 : Leo
del 2/9/07 al 29/10/09 : Virgo

Júpiter
1910 : Libra
1911 : Escorpio
1912 : Sagitario
1913 : Capricornio
1914 : Capricornio
del 22/1 : Acuario
1915 : Acuario
del 4/2 : Piscis
1916 : Piscis
del 12/2 : Aries
1917 : Aries
del 13/2 : Tauro
1918 : Géminis
1919 : Cáncer
1920 : Leo
1921 : Virgo
1922 : Libra
1923 : Escorpio
1924 : Sagitario
1925 : Capricornio
1926 : Acuario
1927 : Piscis
1928 : Piscis
del 23/1 : Aries
1929 : Tauro
1930 : Géminis
1931 : Cáncer
1932 : Leo
1933 : Virgo
1934 : Libra
1935 : Escorpio
1936 : Sagitario
1937 : Capricornio
1938 : Acuario
1939 : Piscis
1940 : Aries
1941 : Tauro
1942 : Géminis
1943 : Cáncer
1944 : Leo
1945 : Virgo
1946 : Libra
1947 : Escorpio
1948 : Sagitario
1949 : Capricornio
1950 : Acuario
1951 : Piscis
1952 : Aries
1953 : Tauro
1954 : Géminis
1955 : Cáncer
1956 : Leo

1957 : Libra
1958 : Escorpio
1959 : Escorpio
del 10/2 : Sagitario
1960 : Sagitario
1961 : Capricornio
1962 : Acuario
1963 : Piscis
1964 : Aries
1965 : Tauro
1966 : Géminis
1967 : Cáncer
1968 : Virgo
1969 : Libra
1970 : Escorpio
1971 : Sagitario
1972 : Sagitario
del 7/2 : Capricornio
1973 : Capricornio
1974 : Acuario
1975 : Piscis
1976 : Aries
1977 : Tauro
1978 : Géminis
1979 : Leo
1980 : Virgo
1981 : Libra
1982 : Escorpio
1983 : Sagitario
1984 : Capricornio
1985 : Capricornio
del 7/2 : Acuario
1986 : Acuario
1987 : Piscis
1988 : Aries
1989 : Tauro
1990 : Cáncer
1991 : Leo
1992 : Virgo
1993 : Libra
1994 : Escorpio
1995 : Sagitario
1996 : Capricornio
1997 : Capricornio
del 22/1 : Acuario
1998 : Acuario
del 4/2 : Piscis
1999 : Piscis
del 13/2 : Aries
2000 : Aries
del 1/7 : Géminis
2001 : Géminis
del 12/7 : Cáncer
2002 : Cáncer
del 1/8 : Leo
2003 : Leo
del 27/8 : Virgo
2004 : Virgo
del 25/9 : Libra
2005 : Libra
del 26/10: Escorpio
2006 : Escorpio
del 24/11: Sagitario
2007 : Sagitario
del 18/12: Capricornio

PISCIS

Descubra aquí en qué signo se encontraban los planetas lentos el año de su nacimiento.

Plutón
del 1940 al 1957 : Leo
del 1958 al 1971 : Virgo
del 1972 al 1983 : Libra
del 1984 al 1994 : Esc.
del 1995 al 2009 : Sag.
del 2009 al 2023 : Capr.

Neptuno
del 1916 al 1929 : Leo
del 1930 al 1942 : Virgo
del 1943 al 1955 : Libra
1956: Esc. del 1273 : Libra
del 1957 al 1969 : Esc.
del 1970 al 1983 : Sag.
del 1984 al 1997 : Capr.
del 1998 al 2012 : Ac.

Urano
del 1912 al 1919 : Ac.
del 1920 al 1927 : Piscis
del 1928 al 1935 : Aries
del 1936 al 1942 : Tauro
del 1943 al 1949 : Gém.
del 1950 al 1956 : Cáncer
del 1957 al 1962 : Leo
del 1963 al 1968 : Virgo
del 1969 al 1974 : Libra
del 1975 al 1980 : Esc.
del 1981 al 1987 : Sag.
del 1988 al 1995 : Capr.
del 1996 al 2003 : Ac.
del 2003 al 2011 : Piscis

Saturno
del 1911 al 1913 : Tauro
del 1914 al 1915 : Gém.
del 1916 al 1917 : Cáncer
del 1918 al 1919 : Leo
del 1920 al 1921 : Virgo
del 1922 al 1923 : Libra
del 1924 al 1926 : Esc.
del 1927 al 15/3/29 : Sag.
del 16/3/29 al 23/2/32 : Capr.
del 24/2/32 al 1934 : Ac.
del 1935 al 1937 : Piscis
del 1938 al 1940 : Aries
del 1941 al 1942 : Tauro
del 1943 al 1944 : Gém.
del 1945 al 1946 : Cáncer
del 1947 al 1948 : Leo
del 1949 al 1950 : Virgo
1951: Lib. del 7/3 : Virgo
del 1952 al 1953 : Libra
del 1954 al 1955 : Esc.
del 1956 al 1958 : Sag.
del 1959 al 1961 : Capr.
del 1962 al 1964 : Ac.
del 1965 al 3/3/67 : Piscis
del 4/3/67 al 1969 : Aries
del 1970 al 21/2/72 : Tauro
del 22/2/72 al 1974 : Gém.
del 1975 al 1976 : Cáncer
del 1977 al 1978 : Leo
del 1979 al 1980 : Virgo

del 1981 al 1982 : Libra
del 1983 al 1985 : Esc.
del 1986 al 1987 : Sag.
del 1988 al 1990 : Capr.
del 1991 al 1993 : Ac.
del 1994 al 1996 : Piscis
del 1997 al 28/2/99 : Aries
del 1/3/99 al 20/4/01 : Gém.
del 20/4/01 al 22/4/05 : Cáncer
del 22/4/05 al 2/9/07 : Leo
del 2/9/07 al 29/10/09 : Virgo

Júpiter
1909 : Virgo
1910 : Libra
1911 : Escorpio
1912 : Sagitario
1913 : Capricornio
1914 : Acuario
1915 : Piscis
1916 : Aries
1917 : Tauro
1918 : Géminis
1919 : Cáncer
1920 : Leo
1921 : Virgo
1922 : Libra
1923 : Escorpio
1924 : Sagitario
1925 : Capricornio
1926 : Acuario
1927 : Piscis
1928 : Aries
1929 : Tauro
1930 : Géminis
1931 : Cáncer
1932 : Leo
1933 : Virgo
1934 : Libra
1935 : Escorpio
1936 : Sagitario
1937 : Capricornio
1938 : Acuario
1939 : Piscis
1940 : Aries
1941 : Tauro
1942 : Géminis
1943 : Cáncer
1944 : Leo
1945 : Virgo
1946 : Libra
1947 : Escorpio
1948 : Sagitario
1949 : Capricornio
1950 : Acuario
1951 : Piscis
1952 : Aries
1953 : Tauro
1954 : Géminis
1955 : Cáncer
1956 : Leo
1957 : Virgo
1958 : Escorpio
1959 : Sagitario
1960 : Sagitario

del 1/3 : Capricornio
1961 : Capricornio
del 15/3 : Acuario
1962 : Acuario
1963 : Piscis
1964 : Aries
1965 : Tauro
1966 : Géminis
1967 : Cáncer
1968 : Virgo
del 27/2 : Leo
1969 : Libra
1970 : Escorpio
1971 : Sagitario
1972 : Capricornio
1973 : Capricornio
del 23/2 : Acuario
1974 : Acuario
del 8/3 : Piscis
1975 : Piscis
del 19/3 : Aries
1976 : Aries
1977 : Tauro
1978 : Géminis
1979 : Leo
del 1/3 : Cáncer
1980 : Virgo
1981 : Libra
1982 : Escorpio
1983 : Sagitario
1984 : Capricornio
1985 : Acuario
1986 : Acuario
del 21/2 : Piscis
1987 : Piscis
del 3/3 : Aries
1988 : Aries
del 9/3 : Tauro
1989 : Tauro
del 11/3 : Géminis
1990 : Cáncer
1992 : Virgo
1993 : Libra
1994 : Escorpio
1995 : Sagitario
1996 : Capricornio
1997 : Acuario
1998 : Piscis
1999 : Aries
2000 : Tauro
del 1/7 : Géminis
2001 : Géminis
del 12/7 : Cáncer
2002 : Cáncer
del 1/8 : Leo
2003 : Leo
del 27/8 : Virgo
2004 : Virgo
del 25/9 : Libra
2005 : Libra
del 26/10 : Escorpio
2006 : Escorpio
del 24/11 : Sagitario
2007 : Sagitario
del 18/12 : Capricornio

Aspectos planetarios

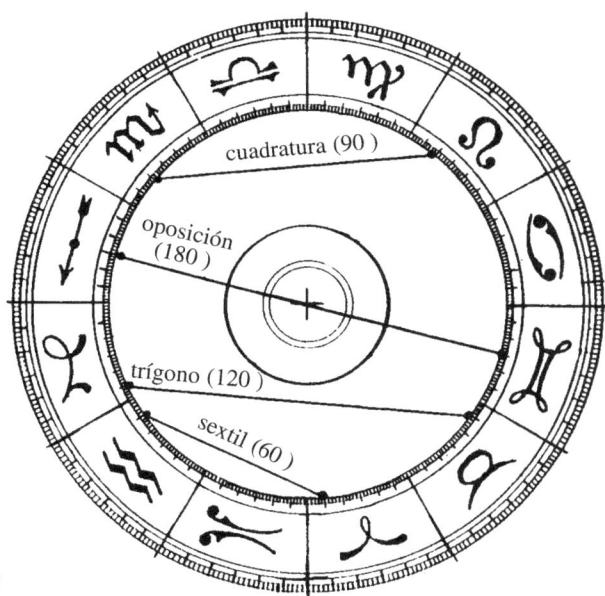

Fig. 6

En su movimiento a lo largo del círculo zodiacal, los astros ocupan posiciones distintas y por lo tanto se encuentran a diferentes distancias entre ellos. Estas relaciones de distancia (expresadas en grados) se llaman aspectos y proporcionan un indispensable instrumento de interpretación: la relación angular que se crea entre dos o más planetas influye en la dinámica de las fuerzas en juego, estimulándolas o ralentizándolas. En el tema natal, es decir, en la fotografía del cielo en el momento del nacimiento, los aspectos proporcionan la trama de las distintas componentes de la personalidad y de la experiencia individual. Los nuevos ángulos que los astros forman en el cielo con las posiciones planetarias originarias, son otro tipo de aspecto y reciben el nombre de *tránsitos,* que permiten seguir a la persona en su evolución. Estos son los aspectos de mayor importancia:

conjunción: dos o más planetas que se encuentran en el mismo grado zodiacal;
sextil: planetas que se encuentran a una distancia de 60 ;
cuadrante: planetas que se encuentran a una distancia de 90 ;
triangular: planetas que se encuentran a una distancia de 120 ;
oposición: planetas que se encuentran a una distancia de 180 .

Para todos estos aspectos se considera válido un redondeo de 7-10 , según la naturaleza de los planetas implicados. El sextil y el triángulo se consideran aspectos positivos, es decir que constituyen lazos de unión armoniosos entre las fuerzas astrales implicadas, que se unen o se estimulan de forma positiva recíprocamente. El sextil tiene un efecto de menos impacto, representando sobre todo una posibilidad favorable, una *carta a jugar,* una ayuda importante para la personalidad. El triángulo tiene un efecto más evidente y se podría comparar con un don de la naturaleza: una característica particularmente feliz en el temperamento o en el destino individual, que permite la plena expresión de las fuerzas en juego, de forma totalmente armoniosa y natural.

El cuadrante y la oposición se consideran aspectos negativos, es decir relaciones inarmónicas entre los planetas implicados, que suscitan tensión y contradicción, modificando en sentido restrictivo una de las fuerzas en cuestión. El cuadrante representa un obstáculo; según los casos puede corresponder a una limitación, a una reducción, o en cambio a un desorden, a una dispersión de energía, pero de todos modos es la señal de un trastorno. La oposición representa un antagonismo entre dos principios contrapuestos, que pueden predominar de forma alternativa, o uno de los dos polos puede imponerse en detrimento del otro.

La conjunción se considera tanto positiva como negativa, según los planetas implicados; representa una concentración de fuerzas, que se condensan más o menos armoniosamente, centradas en un único punto, que por lo tanto asume una importancia particular. La diferenciación entre aspectos positivos y negativos no se entiende de todos modos de forma muy rígida y cada aspecto se considera en la globalidad del tema.

Sobre el tema astral de nacimiento, los aspectos planetarios se representan gráficamente mediante una línea que une los dos planetas ligados por el propio aspecto (véase fig. 6).

Entendimiento entre los signos

Existen afinidades «de máxima» entre los distintos signos que se basan en la compatibilidad entre los cuatro elementos: fuego, tierra, aire y agua. Recordaremos brevemente que pertenecen al elemento fuego: Aries, Leo y Sagitario; signos de tierra son Tauro, Virgo y Capricornio; Géminis, Libra y Acuario son signos de aire; Cáncer, Escorpio y Piscis pertenecen al elemento agua. A grandes rasgos, se puede decir que entre los signos que pertenecen al mismo elemento se establece fácilmente una corriente de simpatía inmediata, porque se trata de personas que *hablan el mismo idioma*: dinámicos los signos de fuego, realistas los signos de tierra, comunicativos los signos de aire, emocionales los signos de agua. Un buen entendimiento en general se produce también en las combinaciones tierra y agua, y fuego y aire: en el primer caso la tierra se ablanda y es fecundada por el agua, en el segundo el fuego se reanima con el aire.

Pero naturalmente estas disposiciones generales no son suficientes para explicar la complejidad y las multiplicidades que caracterizan las relaciones interpersonales.

Así como el carácter de una persona es el resultado de la mezcla de virtudes, defectos e inclinaciones diversas, también el tema astral es un conjunto de fuerzas que se tienen que examinar globalmente para determinar los gustos, las predilecciones y las afinidades con otras personas.

El signo solar proporciona la nota fundamental, pero para obtener la *melodía* es necesario el apoyo de otros instrumentos, que en el caso de las relaciones interpersonales   y en particular las relaciones afectivas   están constituidas por el ascendente y los planetas Luna, Venus y Marte.

Aspectos con el ascendente

Como hemos descrito en los capítulos precedentes, el ascendente se corresponde con las actitudes espontáneas innatas del individuo y con su forma de presentarse a los demás. Al ser la primera imagen que la persona da de sí mismo, es fundamental para provocar atracción o antipatía: impresiones que pueden confirmarse o desmentirse luego, cuando el conocimiento se hace más profundo. Por lo tanto, es bastante común que el nativo de un determinado signo zodiacal sienta a primera vista simpatía por las personas que tienen el ascendente en el mismo signo, a las que ve como sus similares.

El ascendente es además particularmente importante en la determinación de afinidades de pareja, puesto que se opone al descendente, que delimita la VII Casa, comúnmente llamada la *Casa del matrimonio*, pero que con más precisión se podría definir como el sector en el que la persona encuentra su otro yo; su forma de comportarse en este encuentro es lo que se espera de esa relación. Para valorar la atracción entre dos personas y la posibilidad de evolución en una unión verdadera, son por lo tanto muy importantes los aspectos que implican el eje ascendente-descendente y los planetas situados en las Casas I y VII.

Los luminosos: el Sol y la Luna

El Sol y la Luna constituyen los elementos más importantes para determinar las afinidades en una relación íntima: se tienen que considerar como pareja, que constituye la polaridad de base de la personalidad: lo masculino y lo femenino, lo consciente y lo inconsciente. Normalmente es fácil la relación con un nativo del propio signo, aunque esto no sea suficiente para llegar a un entendimiento sentimental. El hombre se siente a menudo bastante atraído por las mujeres nativas del signo en el que se encuentra su Luna (por ejemplo, un nativo Tauro con la Luna en Sagitario se sentirá atraído por las mujeres Sagitario); sea porque evocan el recuerdo materno o porque encarnan su imagen de mujer ideal. En esta relación, la mujer ejerce una atracción muy especial sobre el hombre porque hace vibrar en él las cuerdas del inconsciente, evoca sus fantasías y al mismo tiempo las realiza: un contacto astral similar es por lo tanto bastante significativo en una relación de amor, índice de una correspondencia directa entre las dos polaridades masculina-femenina. Muy a menudo el hombre se siente atraído también por mujeres que tienen la Luna en el mismo signo en el que se encuentra la suya (por ejemplo, el hombre con la Luna en

Leo atraído por una mujer con la Luna en Leo); el mecanismo es bastante similar al anterior, pero en este caso es la feminidad de la mujer la que conquista al hombre; los dos se encuentran muy bien a nivel emotivo y se comprenden sin dificultad, pero existe el riesgo de que se trate de un contacto monocorde, entre dos formas de sentir demasiado similares que no se estimulan recíprocamente. También es interesante el caso en el que es el Sol del hombre el que se encuentra en el mismo signo que la Luna femenina (hombre nativo Piscis y mujer con Luna en Piscis): en este caso el hombre se deja seducir más conscientemente, mientras la mujer encuentra en la pareja a la persona que sabe comprender sus necesidades emotivas y satisfacer sus fantasías.

Obviamente, cuando en estas combinaciones los astros implicados están en conjunción entre ellos, la influencia de la configuración es mucho más sentida y constituye una estrecha relación entre las dos personas.

Es muy estimulante el caso en el que las Lunas de los dos se encuentran en signos opuestos (ejemplo: él Luna en Libra y ella Luna en Aries) o el Sol de uno y la Luna del otro se encuentran en signos opuestos (ejemplo: él con el Sol en Géminis y ella con la Luna en Sagitario): aunque se necesita realizar un pequeño esfuerzo de comprensión para componer la diversidad, se trata de relaciones con un intenso intercambio de experiencias, en las que los dos miembros se completan recíprocamente y pueden darse realmente mucho.

Venus y Marte

Los planetas Venus y Marte constituyen factores decisivos en las relaciones amorosas. Venus representa el mundo de los sentimientos, las dotes de atracción que se ejercen sobre la potencial pareja: en el tema femenino indica de qué forma la mujer «se da» a sí misma, en el tema masculino indica a qué señales es más sensible el hombre. Marte indica el impulso, la pasión, la carga necesaria para la conquista: en el tema masculino caracteriza el tipo de virilidad y de pulsión sexual, en el tema femenino representa la figura del hombre más deseado y la iniciativa para llamar su atención.

La relación entre Venus y Marte reviste, por lo tanto, una importancia básica para determinar las posibilidades de entendimiento afectivo global y en particular la atracción física y el entendimiento erótico. La conjunción de una pareja Venus uno con Marte el otro es una señal segura de gran atracción recíproca: cuando entre dos personas subsiste este contacto astral incluso involuntariamente, en el primer encuentro se advierte esta especie de tensión hacia el otro, que desemboca en una relación muy intensa y comprometida en el aspecto sexual: se trata de amor apasionado, que une a las dos personas con una necesidad física intensa. La pareja funciona por lo tanto muy bien a nivel instintivo, y si no existen otras señales de desacuerdo, la conjunción Venus-Marte, puede constituir el punto de fuerza de una unión siempre alegre, pero templada. Un efecto similar, aunque menos marcado, se tiene cuando Venus de un miembro de la pareja y Marte del otro se encuentran en el mismo signo pero no forman una conjunción.

Los aspectos propicios (sextil, triángulo) entre Venus y Marte de los dos miembros de la pareja son bastante benéficos, no sólo haciendo fácil el entendimiento sexual, sino aportando armonía, que puede durar largo tiempo porque está constantemente recargada de energías afectivas.

Los aspectos negativos (cuadrado, oposición) son muy a menudo una señal de alta tensión sexual y por lo tanto, a menudo se manifiestan en encuentros de duración breve, en las aventuras. Un entendimiento más profundo se presenta difícil porque, aunque es muy estimulante, una relación caracterizada por este aspecto es contradictoria, llena de incomprensiones o de peleas: los deseos de uno tropiezan con la voluntad del otro.

También las relaciones entre Venus y Venus, Marte y Marte son bastante significativas. Una relación Venus-Venus es señal de dulzura y afectuosidad en la pareja; una relación inarmónica señala una diversidad que puede hacer más emocionante, aunque menos satisfactoria, la relación, sin llegar a comprometer el éxito. En cambio, es más esencial una buena relación Marte-Marte puesto que los aspectos disonantes tienden a crear aversión y competitividad en la pareja.

Este breve repaso general sobre componentes astrales que determinan las posibilidades de entendimiento en las relaciones afectiva nos introduce en un campo mucho más amplio y fascinante: la sinastría, un sector específico de la astrología que estudia la comparación de los temas natales de dos personas para descubrir las afinidades, los puntos de fuerza de la unión, las divergencias y los problemas que se tienen que resolver.

La comparación sinástrica es muy útil para la pareja deseosa de desvelar las misteriosas tramas que regulan el amor, para entender mejor incluso el porqué de ciertas incomprensiones y la mejor forma para superarlas.

La sinastría no se aplica sólo a las relaciones sentimentales, sino a cada tipo de contacto interpersonal: amistad, relaciones de trabajo, etc. Según los casos, serán distintos los planetas encausados y será distinta la valoración de los distintos aspectos astrales.

Herencia astral

Las afinidades que se encuentran comparando las cartas astrales de padres e hijos merecen una atención particular: se puede hablar de una verdadera herencia astral que se transmite a la prole, así como se transmiten las características somáticas, temperamentales, etc. Esta unión astral entre el hijo y el padre no implica principalmente el signo solar: puede suceder que el hijo nazca bajo el mismo signo zodiacal del padre o de la madre, pero se trata de una probabilidad que por motivos obvios no se puede asumir como constante de herencia. En cambio, es muy frecuente que el hijo nazca con el ascendente en el mismo signo de uno de los padres: por ejemplo, un padre Aries y el hijo con el ascendente en Aries. Este es un factor bastante significativo puesto que el ascendente se basa en la hora de nacimiento y en cualquier fecha es posible nacer con el ascendente en cualquiera de los 12 signos. En este caso, el hijo asume actitudes y comportamientos inspirados por la personalidad del padre en cuestión y a menudo se le parece físicamente.

Es también bastante frecuente que el hijo tenga el ascendente en el mismo signo que el ascendente de uno de los padres, y en este caso los dos se parecen mucho en la forma de actuar y de expresarse más inmediata.

La posición de la Luna es una expresión de una unión particular con uno de los progenitores, cuando cae en el signo solar de uno de ellos (ejemplo: padre nativo de Géminis e hijo con Luna en Géminis). Si el progenitor en cuestión es la madre, es señal de una estrecha relación emocional y de una fuerte influencia materna sobre el hijo, que si es de sexo masculino tenderá a buscar una mujer similar a la madre, mientras que si es de sexo femenino se identificará fácilmente con la figura materna y en ella se inspirará para construirse su propia feminidad.

El discurso es similar cuando es el padre el que está implicado en esta correspondencia astral: El hijo tomará más fácilmente al padre como figura de referencia, sobre todo en la infancia. Si es una mujer, nutrirá un amor especial por el padre; si se trata de un niño su sensibilidad y su visión de la mujer se verán influenciadas por la herencia paterna. A menudo el hijo hereda la misma posición lunar de uno de los progenitores: expresión de una intensa unión emotiva, de un apego particular y de una identificación inconsciente con el padre interesado, sobre todo en la infancia.

Estas son las correspondencias astrales más frecuentes que constituyen los elementos de la herencia astral entre los padres y los hijos; pero el discurso podría continuar, remontarse a los abuelos y a los bisabuelos, para descubrir los lazos astrales que siguen el dibujo de la herencia de carácter, gustos, talento y defectos que se transmiten en las generaciones de una familia. Así como algunas señales físicas o de la personalidad, también algunas transmisiones saltan una generación y se podrían encontrar con claridad remontándose hacia atrás en el tiempo. Una búsqueda fascinante que puede tocar los argumentos más diversos relacionados con la familia: desde los problemas hereditarios hasta la psicología familiar, la genealogía, el seguimiento de actividades y empresas familiares. Pero sobre todo, la herencia astral representa otra ocasión para descubrir la armonía existente en el cosmos; el mensaje genético transmitido del padre al propio hijo encuentra su confirmación en las estrellas.

La influencia de los planetas lentos sobre las costumbres y la sociedad

Urano, Neptuno y Plutón son los planetas más lentos, que se mueven por la banda zodiacal sólo unos pocos grados al año, estacionando en el mismo signo durante mucho tiempo.

Por lo tanto, se entiende porqué tienen la importante característica de influenciar a generaciones enteras, dejando una huella particular de un determinado periodo histórico.

Hemos visto en las páginas anteriores cuál es su papel individual; en este capítulo intentaremos describir en cambio su influencia generacional y ver cómo encuadran el clima relativo a nuestra fase histórica.

Pero antes de continuar, veamos cuál es el movimiento efectivo de estos planetas.

Urano, el más rápido de los tres, realiza una vuelta completa al zodiaco en aproximadamente 80 años y, por lo tanto, se trata del último planeta que puede volver a su posición original durante la vida humana. El tránsito de Urano en un signo dura 6-7 años aproximadamente.

Neptuno realiza en cambio una vuelta completa al zodiaco en aproximadamente 164 años. Su estancia en un signo dura por lo tanto unos 13 años.

Plutón, finalmente, el planeta más lento, realiza un giro al zodiaco en unos 250 años, cambiando de signo cada 20 años aproximadamente.

Estas cifras son suficientes para dar una idea de la gran importancia de estos planetas, que marcan los ritmos más amplios del *reloj* zodiacal y, en su cíclica disposición en uniones armónicas e inarmónicas entre ellos, han acompañado los acontecimientos más importantes de nuestra historia.

Las influencias generacionales

Urano

Como ya hemos explicado en las páginas anteriores, el planeta Urano es una fuerza dinámica que representa la consciencia individual de uno mismo, los impulsos hacia la renovación, los cambios drásticos, la voluntad de alcanzar un objetivo preciso mediante el uso de los medios que se disponen; por lo tanto, es también el planeta de la tecnología, de la eficiencia utilitarista. El tránsito de Urano en los signos zodiacales determina por lo tanto la disponibilidad a las innovaciones, el activismo y el dinamismo del gran número de personas nacidas con las mismas posiciones zodiacales del planeta, y las mismas situaciones sociales y colectivas capaces de movilizar las energías para un objetivo inmediato. Ejemplo clásico es el de la generación de los sesenta, caracterizada por la posición de Urano en Géminis: signo intelectual, por excelencia, que representa el estudio, la cultura, la información, objetos de la histórica protesta; bajo su influencia la voluntad asumió matices de exhibicionismo impertinente, pero también un hiriente espíritu crítico y una gran frescura expresiva. En la generación inmediatamente siguiente, la presencia de Urano en Cáncer (aproximadamente de 1949 a 1955) ha dado una orientación más tradicionalista, una viva sensibilidad hacia los valores hedonistas, pero en el extremo opuesto también ha suscitado manifestaciones de fanatismo ideológico. La actual generación de *yuppies* de unos treinta a treinta y cinco años está caracterizada en cambio por la posición de Urano en Leo, que excita la voluntad de afirmación de forma orgullosa e individualista, atenta al prestigio social y formal.

Los nacidos de 1962 a 1968 están unidos por la presencia de Urano en el signo de Virgo: por lo tanto, una generación de técnicos eficiente y consciente, realista y bien organizada a la hora de escoger las formas y los tiempos de realización, sin demasiados idealismos.

Los jóvenes nacidos desde 1969 hasta 1974 se caracterizan por la posición de Urano en Libra; bajo un aspecto tranquilo y diplomático, esconden un extremado rigor; observadores atentos, juzgan con lucidez, pero intentando comprometer la armonía social y la propia serenidad.

La generación de jóvenes nacidos entre 1975 y 1981 se caracteriza por la situación de Urano en Escorpio, que proporciona a estos jóvenes un espíritu de afirmación original, creativa, combativa, acompañada de anticonvencionalismos, curiosidades experimentales por todo lo nuevo y dotados de una drástica capacidad de decisión.

Los niños nacidos entre 1982 y 1988 se caracterizan por la presencia de Urano en Sagitario: en ellos, la voluntad de afirmación tendrá que alimentarse con un ideal y estará dirigida a alcanzar valores morales seguros, que compensen la inquietud y el cambio de objetivos.

En los nacidos en los años 1989 y 1990, y también en los siguientes hasta 1995, Urano en Capricornio reforzará un real y desencantado sentido práctico, ambiciones atentas y cuidadosamente perseguidas con técnicas cada vez más perfeccionadas.

Los nacidos desde el 1995 hasta el año 2003 tendrán Urano en su signo, Acuario. Será una generación innovadora y con gran sentido de la anticipación e inventiva. Combinarán un alto sentido del individualismo con actitudes más altruistas y grupales.

Neptuno

Neptuno representa la inquietud que empuja hacia el cambio y la aventura, expresa las aspiraciones ideales o espirituales, el sentido y las sugestiones colectivas, inspira la capacidad de imaginar un mundo diverso y de plasmar las fantasías a través de la expresión artística y creativa. El tránsito de Neptuno en los signos influye por lo tanto en la evolución de las costumbres, en la forma de pensar, en las exigencias espirituales y en la disponibilidad hacia otras experiencias que permitan trascender la realidad: elementos que acercan las generaciones nacidas con una determinada posición zodiacal de Neptuno.

Al tránsito de Neptuno en Virgo, en los años que van desde 1929 hasta 1943, correspondieron de hecho costumbres bastante castigadas, una mentalidad prudente pero rígida que se ocupaba sobre todo de los valores del trabajo, del ahorro y del sacrificio; reducidas las aspiraciones de cambio; las aperturas hacia el futuro estaban dirigidas principalmente hacia los intereses en el campo técnico y científico.

Con el paso de Neptuno por el signo de Libra, en los años que van desde 1943 hasta 1956, se inició una fase de evolución moderada de las costumbres, la manifestación de una nueva sensibilidad en el campo social y también de los valores hedonistas; se nos concedía algo más, la mentalidad se hizo gradualmente más abierta aunque siempre rigurosa en el aspecto moral.

Fue el paso de Neptuno por Escorpio, entre los años 1956 y 1969, el que inauguró una revolución más radical de las costumbres, que se puso en marcha en esos años y que más tarde vivieron personalmente los nacidos con esta configuración; se abrió camino una cierta ausencia de recursos y una actitud de rebelión hacia reglas y convenciones que intentaban separarse drásticamente del pasado, a través de manifestaciones creativas pero también agresivas y en algunos casos incluso autodestructivas.

El paso de Neptuno por Sagitario, entre los años 1969 y 1984, ha llevado a una mentalidad con más prejuicios, más tradicional; los valores morales adquirieron de nuevo su importancia, en la renovada exigencia de serenidad y seguridad que los nacidos con esta posición de Neptuno han desarrollado mucho en su interior, dando vida a una generación de fuertes principios morales, de idealismos sabios y convencionales, pero también sensible a la llamada de la aventura.

El actual paso de Neptuno por el signo de Capricornio, desde el año 1985 hasta 1997, corresponde con un replanteamiento de la mentalidad social, con un impulso colectivo de menor idealismo; los planteamientos técnicos y prácticos regulan la forma de pensar y en el campo social se reafirma un moralismo rígido, acompañado de un cierto autoritarismo. Los nacidos con esta posición en Neptuno serán por lo tanto poco permeables a la sugestión de idealismos y utopías, dejándose convencer sólo por las pruebas concretas, de intereses y realidades concretas.

Desde 1997 hasta febrero de 2012, Neptuno transitará en Acuario, dando una generación contrapuesta a la anterior, más permeable a los idealismos y utopías, personales y colectivas, pero teniendo en cuenta muchos atenuantes teóricos como para que se dé una continuidad sin sufrir decepciones. En el aspecto negativo puede traer cierto desajuste social o una excesiva entrega a la novedad y a la evasión.

Plutón

Plutón representa las fuerzas vitales, los impulsos creativos y evolutivos que nos llevan a desarrollar las potencialidades latentes, pero que pueden pasar a través de una fase destructiva; nos lleva a la raíz de los problemas e influye sobre los objetivos y las decisiones finales, poniendo en evidencia las necesidades de transformación más radicales.

En el primer tercio de nuestro siglo, exactamente en los años que van desde 1913 hasta 1938, el tránsito de Plutón por el signo de Cáncer marcó una época de conservadurismo, en el que los recursos se dirigían a la defensa, al mantenimiento de la seguridad y la tradición, mientras la creatividad se orientaba en sentido hedonista. La generación nacida en este periodo está unida por un fuerte lazo con el pasado, por un tradicionalismo sentimental. Desde 1938 hasta 1957, el paso de Plutón por Leo provocó en cambio manifestaciones evidentes de la voluntad de poder, del individualismo, de la vitalidad enérgica y autoritaria, decididamente eufórica incluso en sentido destructivo; los nacidos en este periodo se caracterizan por la audacia, la seguridad en sí mismo y una aversión hacia las obligaciones y las reglas.

El paso de Plutón por el signo de Virgo, desde 1957 hasta 1971, se corresponde con una orientación más cauta, más atenta a disciplinar las energías, a afinar los recursos técnicos y productivos, en una óptica de reflexión más dirigida hacia la conservación que a la evolución; la generación nacida con esta posición en Plutón se ha interesado, poco dispuesta a arriesgar, por el medio ambiente y la ecología.

Desde 1971 hasta 1984, el paso de Plutón por Libra ha marcado una fase de revisión, de análisis crítico respecto al pasado, en vistas a una futura evolución social. Plutón influye en la generación nacida en este periodo, limitando los impulsos individualistas e inclinando hacia el interés social, a la búsqueda de la justicia y de la verdad con un rigor irreductible.

Desde 1984, Plutón está en tránsito por Escorpio, signo en el que ha estado hasta 1995: en este tránsito el planeta expresa al máximo su fuerza, provocando alteraciones y tensiones, ideas y descubrimientos nuevos, pero también destacando los problemas existentes. La generación nacida bajo esta influencia está particularmente determinada en sus metas, decidida a renovar, agresiva al afirmar las necesidades de cambio, que asume el carácter de lucha por la supervivencia.

Finalmente los nacidos entre 1996 y 2008 tendrán a Plutón en Sagitario. Serán por naturaleza de espíritu libre, justiciero y muy exigentes con lo que consideran que es su derecho, queriendo ver hechos realidad, a corto plazo, sus deseos. Será una generación que vivirá condicionada por los efectos de la mundialización y por los regionalismos, con todas las ventajas e inconvenientes orientados a todas las preguntas clave: cómo vivir la vida, entender los valores y la fraternidad.

La astrología mundial

Obtener previsiones mundiales a partir de la observación de los tránsitos astrales en los signos y de los aspectos que los planetas forman entre ellos, es una tarea delicada y compleja, y sobre todo, es difícil transferir a un lugar preciso de nuestro planeta Tierra las señales que se pueden leer en el cielo, y prever determinados acontecimientos históricos o políticos, a pesar de que hay personas que desafían a los astrólogos para que lo hagan. De todos modos, es innegable que la disposición de los astros influye no sólo sobre las personas, sino sobre el conjunto de personas, que forman la sociedad, organizada en naciones y estados; como ya hemos visto, influye en las generaciones, en la mentalidad, en las costumbres, y también en el desarrollo histórico y en las tendencias que luego desencadenan los acontecimientos.

El periodo actual está caracterizado por una acumulación de planetas en el signo de Capricornio: Neptuno, Urano y Saturno (este último, que ha transitado en el signo desde finales de 1988 hasta principios de 1995, no ha sido examinado en las páginas anteriores pero tiene de todos modos un papel fundamental en el análisis global). Esta concentración astral en un signo como Capricornio marca muy bien el ambiente de estos años difíciles, en el que parece que se vuelven insostenibles los idealismos y las utopías, y se impone una visión más fría de la realidad, para una sociedad ordenada, eficiente y organizada, que quiere protegerse y conservarse, aunque en el fondo es más sensible a los valores materiales que a los problemas humanitarios; una época de desarrollo y realización práctica, pero que vivió una devaluación de la esfera del sentimiento y de la creatividad pura.

Aspectos astrales de gran importancia se han desarrollado en estos años y marcan los grandes acontecimientos de nuestra época, que se incluyen en esta tendencia de reestructuración global. La simultánea presencia de Plutón en Escorpio es el índice apuntando sobre los problemas de contaminación y degradación ambiental: Escorpio gobierna los procesos de transformación de la energía y de eliminación de los desechos y, por lo tanto, está estrechamente relacionado con el dramático resurgir de estos problemas. Hasta el año 1995, año en que Plutón pasa a Sagitario, los problemas de orden energético y ambiental se habían seguido acentuando y se habían agudizado con Plutón ya en este otro signo, haciéndose más internacionales; lo mismo ocurría con los problemas derivados de migraciones, cuestiones raciales y religiosas, diplomacia y jurisprudencia.

Entre 1996 y 1999, primero Urano y luego Neptuno ingresan en Acuario, y así se inaugura un cambio: se da un impulso más decidido al desarrollo científico y tecnológico, pero también surge un renovado fervor ideológico y una sensibilidad más difundida hacia valores de humanidad y solidaridad, que se fortalecerán con Urano en Piscis, desde 2003 hasta 2009, aunque desde criterios diferentes, que prometen grandes arreglos o mayor confusión en las políticas a seguir. Esta posición traerá una revolución en la medicina y en las ayudas a damnificados.

No podemos examinar con detalle todas estas configuraciones astrales tan significativas en esta obra, pero sí podemos decir que están siendo decisivas y que involucran a casi todo el mundo.

Tercera parte

LA INTERPRETACIÓN DE LA FICHA ASTROLÓGICA PERSONAL

por *Helene Kinauer Saltarini*

Las páginas siguientes dan la posibilidad de profundizar en el conocimiento del propio tema natal: basándonos en los cálculos efectuados anteriormente se sugiere el significado del ascendente y la influencia de la Luna. Se analiza también la influencia de Júpiter y Saturno.

Si es Capricornio con ascendente...

Capricornio con ascendente Aries

Se trata de una combinación astrológica positiva: las innegables capacidades, alimentadas por el Fuego del Aries, le otorgan vitalidad y mayor inspiración.

Los Capricornio con este ascendente tienen muchos intereses y éxito y en su lógica y capacidad de concentración se funden con el sentido humano. Gracias al optimismo del ascendente son más confiados, seguros de sí mismos y emprendedores; a menudo desarrollan bien y simultáneamente más de una actividad. Los dos signos cardinales se encuentran en un punto potente del cielo de nacimiento y empujan a crear posiciones sólidas y de relieve. La influencia del Aries proporciona, además, una vida afectiva más brillante y satisfactoria.

Capricornio con ascendente Tauro

Los dos signos pertenecen al elemento Tierra y eso los hace ser muy realistas, decididos y conscientes de las propias capacidades; los nativos conseguirán alcanzar de esta forma altas metas y una buena posición económica. La tenacidad y capacidad de concentración facilitan cualquier estudio o actividad. Serán admirados en todas partes por su firmeza de carácter.

Pero toda esta Tierra, a la que le falta el Aire y el Agua, se concentra demasiado sobre sí misma, por lo tanto tienen un carácter introvertido y tienen dificultades para adaptarse a la vida social. Sobre todo en amor no tienen mucha suerte y esto los hace caer a veces en una crisis porque no saben enfrentarse de forma adecuada a las situaciones: este comportamiento sobrepasa su forma de ser habitual.

Capricornio con ascendente Géminis

En esta combinación se unen los elementos Tierra y Aire, que son disonantes entre ellos, pero la dinámica de los Géminis es favorable. Los nativos son menos introvertidos y más tolerantes con los defectos ajenos, por lo tanto, si no rechazan la alegría y las actitudes que les proporciona el ascendente, su vida puede ser más rica en alegrías. Pero la lucha entre la influencia opuesta de los elementos inclina al nerviosismo; necesitan mucho reposo, algo que no se conceden casi nunca. En la profesión no faltan las satisfacciones así como en el amor. La vida puede estar repleta de aventuras, pero es mejor aplazar el matrimonio el máximo tiempo posible.

Capricornio con ascendente Cáncer

Los elementos Tierra y Agua se unen positivamente; el ascendente está opuesto al signo natal. El carácter conservador unido a la sensibilidad y a la introversión del Cáncer no facilitan la vida. Atacados por las dudas muy a menudo, los nativos necesitan también estímulos externos. Su vida afectiva también es compleja; de hecho, por un lado frenan los impulsos del corazón y por otro buscan ternura y apoyo en la pareja.

Desean sentirse apreciados en el ámbito profesional, mientras por el lado de Cáncer creen que el amor es lo más importante; quieren una familia numerosa, que consideran su seguridad y al lado una pareja de fuerte personalidad; en el trabajo se sienten seguros de sí mismos.

Capricornio con ascendente Leo

Una combinación interesante para los elementos Tierra y Fuego. Los nativos son conscientes de su propio valor y buscan el éxito tanto en el mundo exterior como en el interior. El ascendente solar aumenta la personalidad: muy leales y orgullosos de sus propios éxitos, pretenden mucho y saben arrastrar a los demás. Asumen enseguida puestos destacados y les gusta ser el centro de atención. En la vida afectiva van en busca de una pareja independiente y anticonformista. El coronamiento del éxito son los hijos, a los que intentan evitar siempre cualquier barrera que pueda cortarles el camino. La exuberancia de Leo lleva ventaja sobre su carácter que tiende a ser cerrado.

Capricornio con ascendente Virgo

Los dos signos pertenecen al elemento Tierra. Los nativos con esta combinación se podrían definir como *hombres araña*, puesto que desde el inicio tejen con cuidado y con mucha paciencia la tela de su vida.

Todo se hace con calma y método, apuntando sus metas en un futuro lejano. Perfeccionistas, incluso sobre sí mismos desarrollan un duro trabajo, una búsqueda no realmente fácil, pero sin duda muy constructiva.

Tienden a casarse tarde, y la unión, bien ponderada, será muy sólida.

Aparentemente siempre tranquilos, se inclinan hacia una armonía que aparece después de cada conquista y actitud.

Se les considera personas de una sola pieza y poco expansivas.

Capricornio con ascendente Libra

Los elementos son Tierra y Agua, los planetas dominantes Saturno y Venus. Aquí se encuentran dos naturalezas: una sólida y llena de sentido del deber, la otra fascinante y llena de atractivo. Los nativos tienen un gusto muy refinado y unen a las típicas dotes una voluntad férrea, que conoce bien tanto lo que quiere como los medios necesarios para obtenerlo. Cómo podrían no tener suerte.

De profundos sentimientos, con una gran capacidad de control y dotados de una mente creativa no les faltarán amigos válidos. El lado Libra les da además un carácter alegre y diplomático en sus relaciones con los demás. En el campo afectivo, de jóvenes pueden caer en brazos erróneos, aunque luego tienen en cuenta las experiencias pasadas.

Capricornio con ascendente Escorpio

El Capricornio-Tierra junto al Escorpio-Agua sería una mezcla positiva si la influencia de Escorpio no convirtiera a estos nativos en un volcán hirviendo en la profundidad de las montañas, sin que se le viera. Explotan de imprevisto y las personas que están a su alrededor en ese momento tienen que ir con cuidado.

La enorme voluntad de superar todos los obstáculos y de salir siempre ganando les hace obtener muchos éxitos, no sin altibajos, peleas y rupturas tanto en el trabajo como con las personas, también por su poca diplomacia. Atractivos y misteriosos, reciben muchos elogios y dejan corazones partidos por el camino, pero cuando se enamoran realmente, se vuelven súbitamente maravillosos, disponibles, afectuosos y hasta fieles.

Capricornio con ascendente Sagitario

Esta combinación astrológica está compuesta por los elementos Tierra y Fuego y los planetas son Saturno y Júpiter. Extremadamente altruistas e idealistas los nativos poseen una fe firme en algo superior pero sin llegar al fanatismo. Se distinguen por un profundo sentido humanitario; además poseen una mente flexible que comprende todo y respeta las opiniones ajenas. En el trabajo no les faltan los éxitos, pero es esencial que se les dé la posibilidad de expresarse libremente porque cuando se sienten sofocados les falta el empuje y se vuelven amorfos. Le gustan los juegos de azar que podría convertirse incluso en un peligro. Pasionales, afectuosos, pero no siempre dotados de fortuna en amor por su credulidad en la juventud, tienen que quemarse primero para volverse más prudentes.

Capricornio con ascendente Capricornio

Los nativos con esta combinación pertenecen al tipo puro de Capricornio, encontrándose tanto el ascendente como el Sol en este signo. Por lo tanto, domina el elemento Tierra y el planeta Saturno. Muy serios, detestan el despilfarro del dinero, no les gustan las diversiones ni se apasionan con facilidad ya que temen perder la lucidez mental. En el ámbito profesional obtienen honores, estima y afirmación, pero también se les teme porque son personas demasiado distantes de las emociones.

De carácter cerrado, poseen una rica vida interior y son conscientes de las propias responsabilidades. Se casan por amor recíproco y sincero afecto, pero nunca por el miedo de no poder vivir sin el otro; lo amaran a su manera.

Capricornio con ascendente Acuario

Dominan los elementos Tierra y Aire y los planetas Saturno y Urano. Los nativos sufren una fuerte influencia del ascendente; inestables, oscilan entre confianza y pesimismo, a veces trabajan como diez personas y a veces ni siquiera como una; el autocontrol deja paso a estallidos emocionales. En ellos se unen la fuerza penetrante del intelecto y de la genialidad; por lo tanto, pueden desarrollar profesiones variadas; lo importante es escoger libremente. Su mente ecléctica quiere moverse sin restricciones; por ello no les gustan las órdenes y las críticas ajenas. La clave de su éxito es la independencia. Tienen una vida afectiva muy movida; mejor si no se casan jóvenes.

Capricornio con ascendente Piscis

Los elementos Tierra y Agua de esta combinación son favorables pero, en cambio, los planetas dominantes están opuestos: Saturno y Júpiter. En estos nativos encontramos la eterna lucha entre la firme voluntad y la constante indecisión y sensibilidad de los Piscis, y no siempre, en la alternancia de los estado de ánimo, gana la parte más sólida. El ascendente puede llevar al optimismo, contra el que la lógica del signo lucha con tenacidad; con el tiempo tendrá ventaja el lado Piscis, que empuja a ocuparse de lo oculto, de psicología y de astrología, de todas las doctrinas que ayudan a comprenderse mejor a sí mismos y el porqué de las cosas. Si escogen a una pareja que pertenece a un signo de Agua: Cáncer, Escorpio y Piscis, podrán contar con una buena unión.

Si es Capricornio con la Luna en...

Capricornio con la Luna en Aries

Estos dos signos son cardinales, fuertes y por lo tanto dan una destacada personalidad, ambiciosa y deseosa de autoafirmarse. La luna en Aries los hace ser más impulsivos y esto puede ser una buena mezcla porque mitiga en parte el típico carácter introvertido.

Los nacidos con esta combinación tienen ideas extravagantes y no se sabe nunca qué puede ocurrírseles y ni siquiera lo que quieren realizar en ese momento porque son muy impacientes. La dinámica del Aries es emprendedora y por lo tanto no pueden prescindir de sorprender siempre a las personas que les rodean; son parejas pasionales, imprevisibles y adoradas.

Capricornio con la Luna en Tauro

La Luna situada de esta forma está en buena posición astral; en este signo exalta los valores afectivos, los hace ser más atractivos, interesantes y les otorga suerte en el amor. Forma incluso un óptimo aspecto con el signo natal; además, los dos signos pertenecen al elemento Tierra, por lo tanto existen posibilidades de conseguir lo que se desea y, sobre todo, de ser muy amados.

Pero no siempre los nativos son estables en sus afectos, por lo tanto podrían tener también problemas la mayoría de las veces, más por sí mismos que por el destino. Poseen una sana alegría de vivir que repercute favorablemente sobre las personas que tienen cerca. Les gusta vestirse bien, se sienten atraídos por las joyas y saben llevarlas con desenvoltura.

Capricornio con la Luna en Géminis

Los Géminis pertenecen a un signo móvil, en consecuencia resulta de ellos un carácter inestable que se atenúa por la firmeza que aporta el Capricornio. Los nativos aceptan la vida tal como viene; parece que no se toman nada en serio, pero no es así: es Mercurio, el Planeta de los Géminis, el que los hace ser muy adaptables. En la profesión lleva ventaja el Capricornio, por ello desean construirse una base sólida, social y económica, mientras que en la vida afectiva están demasiado ansiosos por conocer nuevas emociones, de detenerse ante la primera persona que les interesa. Egocéntricos y desinhibidos, harán girar la cabeza a muchos; conquistar la admiración ajena es para ellos un juego, sin pensar en herir quizás, algún corazón tierno. Conviene que se casen tarde.

Capricornio con la Luna en Cáncer

La Luna en Cáncer se encuentra en su propia casa, es decir en su mejor posición. Los nativos con esta combinación son muy sensibles y óptimos padres; la familia juega un papel esencial, hasta tal punto que incluso el trabajo pasa siempre a un segundo plano. Se trata de una combinación positiva incluso respecto al Capricornio, de hecho la Luna los hace ser más dóciles, más tiernos. Cuando aman se dan completamente permitiendo a la pareja conocerlos profundamente. Pero no les faltan momentos de crisis en su existencia, resultado de su excesiva susceptibilidad, del romanticismo y de la confianza en el prójimo. Son muy vulnerables, pero en estas circunstancias tienen la ayuda de su signo, que sabe encajar mejor las desilusiones y les hace razonar. La comprensión de la que están dotados les proporciona muchas amistades que en realidad necesitan.

Capricornio con la Luna en Leo

La Luna en Leo está en afinidad con la dinámica del Capricornio. Los dos signos son muy orgullosos y por ello a veces serán personas demasiado seguras de sí mismas y esta tendencia aumenta porque son unos ganadores, sobre todo en el campo profesional. Se unen un carácter extrovertido, extremadamente simpático, con una actitud de firme voluntad. Se les confiarán fácilmente tareas importantes. Tienden al exhibicionismo, pero por suerte el signo les impide exagerar. Consideran el amor algo muy hermoso, pero temen perder la independencia con una unión demasiado seria y por ello piensan en el matrimonio en la madurez. Quien se enamora de ellos no tiene la vida fácil puesto que se escurren de las manos como anguilas.

Capricornio con la Luna en Virgo

Los dos signos pertenecen al elemento Tierra, por ello los nativos son muy realistas, dotados de racionalidad, lógica y análisis. Se adapta a estos Capricornio una profesión que precise paciencia y método. Por precisión y seriedad tienen éxito en todo lo que emprenden. Su temperamento es bastante nervioso e incluso un poco desconfiado. Son excesivamente prudentes, sobre todo en el ámbito afectivo: no es sin razón que se les considera personas frías, que evitan todas las situaciones que podrían comprometerles. Temen siempre que pueda faltarles lo necesario, por lo tanto el dinero ejerce para ellos una cierta atracción, ofreciéndoles serenidad interior; por este motivo son austeros y compran pocas cosas, pero lo que adquieren tiene que ser muy exclusivo.

Capricornio con la Luna en Libra

Los dos signos tienen pocas afinidades: el Aire del Libra no es compatible con la Tierra del Capricornio. La Luna en Libra pone en evidencia la vida de pareja, pero las uniones están basadas a menudo sobre una recíproca conveniencia y no sobre el afecto. Los nativos con esta combinación no se atan nunca a una persona que no quieren, pero en su relación les faltará el empuje y el entusiasmo. Es importante también que la pareja sea elegante y representativa en cada ambiente, y en esto no tendrán desilusiones. Tienen alguna dificultad para insertarse en la vida social cuando tienen prejuicios que cierran muchos caminos, pero gracias a la capacidad y a la tenacidad consiguen triunfar. Su profundo sentido del deber es muy apreciado en el ámbito de trabajo.

Capricornio con la Luna en Escorpio

Entre estos signos existe una buena relación y una ayuda recíproca; además la Luna en Escorpio los hace ser muy intuitivos. Debido a la habilidad para penetrar en el ámbito ajeno, los nativos pueden tener éxito como psicólogos, astrólogos o en otras actividades humanitarias. El sexo juega un papel esencial: parten desde la atracción física que puede acabar pronto, pero si la persona vale, empiezan a apreciarla y podrán incluso hacer proyectos para el futuro. Es mejor no tenerlos como enemigos porque tienden a la ira; por otra parte, son amigos fieles, siempre disponibles para aquellos que hayan dado prueba de fidelidad y estima.

Se sienten muy atraídos por los conceptos filosóficos, religiosos y por el esoterismo en general.

Capricornio con la Luna en Sagitario

Es difícil analizar el carácter de esta combinación astral, puesto que es típica de sujetos dotados de muchos talentos, preparados para dirigir sus propios intereses hacia mil cosas. La Luna les aporta entusiasmo, anticonformismo y ganas de vivir; las cuestiones del más allá les interesan mucho. Estos nativos poseen un fuerte sentido de la justicia, pero el signo los hace ser demasiado críticos; deberían recordar que no todos pueden tener su fuerza de ánimo y constancia en el trabajo. La Luna en Sagitario inclina al deseo de una vida cómoda, divertida, pero poseen también altos ideales y una buena cultura. Les gusta mostrarse por el lado mejor puesto que para ellos el juicio ajeno cuenta mucho. Saben dirigir y organizar, pero también ser buenos colaboradores. Necesitan una pareja afectuosa y moldeable.

Capricornio con la Luna en Capricornio

En este tema encontramos a la Luna y al Sol en el mismo signo, por ello todas las características están concentradas en Capricornio. Los nativos son reservados y tímidos hasta la exageración, y la prudencia que tienen en todo y el análisis de los detalles les hacen perder muchas ocasiones. Deberían luchar contra estas tendencias, mostrarse más abiertos, tener más confianza en la persona que los ama y todo adquiriría otra apariencia. De todos modos tienen éxito en el trabajo, al que se dedican con seriedad y estudio contante. Su inquietud interior, que los atormenta, lo hace todo más difícil y hace que incluso los momentos más bonitos sean insignificantes. En amor no va mucho mejor: no se sienten atraídos hacia el matrimonio; es conveniente que se casen tarde. En cambio, son capaces de sacrificios para alcanzar los objetivos marcados.

Capricornio con la Luna en Acuario

La Luna en Acuario no se encuentra cómoda porque la dinámica del signo es contraria a su naturaleza. El Acuario está abierto a todo, siempre a punto para empezar desde cero, mientras que el Capricornio es reservado, desconfiado hacia las cosas que no conoce a fondo. Por lo tanto, el carácter se encuentra dividido entre confianza y desconfianza, entre optimismo y pesimismo. A los que les gusta la vida tranquila y serena no se encontrarán bien al lado de estas personas por su inquietud. En cambio, tendrán suerte en los viajes y en las relaciones con el exterior.

Les gusta vivir a su manera y si no consiguen encontrar un compañero ideal, prefieren la soledad que a ellos no les pesa tanto porque dentro tienen muchas riquezas.

Capricornio con la Luna en Piscis

La Luna en Piscis los aleja de la realidad típica del Capricornio y los arrastra hacia el romanticismo y la incertidumbre, creándoles confusión y cansancio. El signo los haría inagotables; los Capricornio evitarían incluso descansar; por suerte la influencia de la Luna los obliga a pausas que serán benéficas para su salud. Las profesiones que encajan con ellos son las humanidades, la sociología y la medicina. Puesto que no tienen una gran resistencia física, tiene que recuperarse a menudo con aire puro, mejor si es de alta montaña.

En amor pierden fácilmente el control de la situación y necesitan tener a una pareja fuerte, que los sepa seguir con firmeza y amor. Son muy sensibles y creen en la amistad.

Si es Capricornio con Júpiter en...

Capricornio con Júpiter en Aries

En esta posición Júpiter es muy favorable porque permite exteriorizar las capacidades latentes: los nativos saben dar lo mejor de sí mismos, son extrovertidos, confiados y cordiales. Están siempre rodeados por muchos amigos, les gusta la vida cómoda y, sobre todo, consiguen ver el lado positivo de cada cosa. Luchan siempre por la justicia y defienden a los débiles y por ello serán óptimos jueces, no dejando que le afecten hechos exteriores y sabiendo leer en los corazones ajenos.

Leales y sinceros, aprecian mucho la buena mesa, un hecho que con el tiempo podrá convertirse en un peligro. Óptimos padres, saben dar a los familiares ternura, serenidad y mucho afecto.

Capricornio con Júpiter en Tauro

Júpiter en Tauro los hace ser lúcidos, realistas y precisos. Los nativos con esta combinación aman mucho su trabajo que desarrollan de buena gana, deseando satisfacciones personales, pero también buenas ganancias. El Tauro, por excelencia el signo del dinero, permanece bastante unido a los beneficios por el miedo inconsciente de que algún día pueda faltar. No son avaros con quienes aman, al contrario, desean que pueda gozar de los lados buenos de la vida.

Les gusta la naturaleza y saben divertirse de forma sana y sencilla. A veces son demasiado realistas, les falta un toque de romanticismo; a menudo son incluso un poco exhibicionistas, sobre todo cuando enseñan su casa que decoran siempre con un gusto particular.

En amor son expansivos, calurosos, pero bastante posesivos.

Capricornio con Júpiter en Géminis

Con Júpiter en Géminis, el Capricornio puede considerarse afortunado porque resultará ser también más confiado, sabiendo vivir los acontecimientos con una cierta distancia y, seguramente, no pensando en el suicidio si sufren una desilusión, sino al contrario, resignándose enseguida. Los nativos pasan con facilidad de una opinión a otra, según el estado de ánimo del momento.

No administrarán muy bien su dinero que se les escapa de las manos como si estuvieran agujereadas. La facilidad en la oratoria, la considerable inteligencia y el talento le aportan amistades y admiradores.

Son también ocurrentes y dinámicos. En los afectos saben dar muchas alegrías que raramente perdurarán debido a su temperamento inestable.

Capricornio con Júpiter en Cáncer

Su máxima aspiración es obtener satisfacciones de carácter social y estar integrados en los círculos del poder. Son conservadores, de moral intachable y muy bien valorados por sus amistades que, en general, serán de alto rango. La apariencia exterior es muy importante, por ejemplo, no consentirían nunca el divorcio, sobre todo si tienen hijos, aunque supieran que su pareja ya no les ama. Cuando se sienten amados saben ser muy afectuosos y comprensivos. Con Júpiter en un signo cardinal y opuesto al Sol de nacimiento, entran fácilmente en crisis, oscilando entre la confianza y la desconfianza en la vida, pero vence la fuerza del Capricornio. En los periodos de Luna llena y nueva son muy sensibles y vulnerables, tienen que luchar contra esta inestabilidad de carácter que podría ser una causa de bloqueo profesional.

Capricornio con Júpiter en Leo

Para estos nativos, en la vida no cuenta tanto lo que hacen sino cómo lo hacen: necesitan el asombro y la admiración ajena. Son también muy orgullosos y les gusta hacer ostentación de la propia cultura y bienestar, y coronarlo todo con un toque de distinción. La influencia del Capricornio, más sobrio, atenuará esta tendencia a la megalomanía, llegando de esta forma a un equilibrio justo al valorar las cosas. Sin embargo, darán siempre prioridad a la posición social.

En la vida afectiva son expansivos, se comportan con generosidad y demuestran una exuberante sexualidad. Con su típica alegría de vivir arrastran fácilmente a los demás alcanzando con ellos el consenso.

Capricornio con Júpiter en Virgo

Los que se encuentran en esta situación están influenciados por dos signos de Tierra, por eso no les gusta la vida bohemia o el anticonformismo. Para tener la conciencia en su sitio, actúan con método y precisión, creándose ciertos puntos de referencia. Necesitan una vida normal y caerían en crisis profundas si se vieran obligados a salirse de sus límites: lo desconocido y la inseguridad les asusta y la confianza habitual en sí mismos se perdería. Pero dejan que sean los demás quienes se lancen en aguas profundas sin tener la garantía de volver a flote. Por un lado admiran a estas personas, un poco locas a sus ojos, y por el otro las critican. En el trabajo ocupan casi siempre puestos de prestigio.

En lo concerniente al amor, valoran mucho más la estima y el afecto que la pasión.

Capricornio con Júpiter en Libra

Capricornio y Libra, los dos signos cardinales, dan una fuerte personalidad. A los nativos les gusta mucho la justicia y están siempre preparados para luchar por los derechos de los más débiles, pero también para criticar si, según ellos, alguien se equivoca, porque son rígidos en sus conceptos. Les gustan las cosas bellas, artísticas, tienen buen gusto estético y saben rodearse de una atmósfera armoniosa.

También son selectivos y no soportan la más mínima vulgaridad. En definitiva, son bastante exigentes y no siempre las cosas van como querrían, por ello se desilusionan fácilmente. La belleza y la armonía que buscan, desgraciadamente faltan a menudo, tanto en el ámbito del trabajo como en el ámbito afectivo.

Capricornio con Júpiter en Escorpio

La persona que tiene esta combinación astrológica no es muy afortunada puesto que el Capricornio los hace ser extrovertidos, mientras

Júpiter en Escorpio los inclina de forma exagerada hacia lo opuesto. Les gusta el perfume del misterio; para ellos el riesgo es un placer, por eso consiguen conciliar difícilmente estos dos extremos: demasiada prudencia y demasiada imprudencia. No les gusta seguir caminos que no hayan sido ya transitados por otras personas, en cambio desean abrirse camino, incluso solos y en plena jungla. La emoción de lo nuevo, de la aventura los hace sentirse vivos.

En amor no saben ser felices: no encaja con ellos una pareja demasiada tranquila que no sepa estimular su curiosidad.

Capricornio con Júpiter en Sagitario

En esta configuración Júpiter se encuentra en su propia Casa, es decir en la mejor posición astral, y aporta entusiasmo y optimismo que borran el pesimismo del Capricornio. Para los nativos con esta combinación la felicidad no depende de factores externos, sino sólo de la disposición de ánimo. No se dejan confundir por los pesimistas que dicen que no viven en la realidad; se trata sólo de un punto de vista, como el suyo, que no está nada mal. Al contrario, ayuda a superar bien cada problema y siempre con alegría aunque no todo vaya de la mejor forma posible. La óptima posición de Júpiter no garantiza una vida fácil, pero da la dinámica y la confianza necesaria para triunfar siempre. Ningún problema de trabajo; en amor es necesario que tenga a una pareja optimista.

Capricornio con Júpiter en Capricornio

Si Júpiter se encuentra en Capricornio, la vida resultará de todo menos fácil, pero con la satisfacción de poder decir «todo lo que tengo, me lo debo sólo a mí mismo». Las personas que tienen esta combinación, que son extremadamente autónomos, buscan responsabilidades en cualquier sitio y obtienen muchas satisfacciones. En la segunda mitad de la vida, mirando hacia atrás, se darán cuenta de haber alcanzado altas metas, quizá más importantes de lo que esperaban. No soportan la idea de la dependencia y por lo tanto buscan una profesión liberal. Su posición económica es óptima, conseguida poco a poco y con mucho trabajo: como las hormigas, van recogiendo grano tras grano.

La pareja puede contar con ellos, pero son poco comunicativos y esto contribuye a enfriar la relación.

Capricornio con Júpiter en Acuario

En esta combinación astral no es Júpiter el que guía sino los demás componentes del horóscopo. Júpiter hace sólo de colaborador, como si esperara las órdenes ajenas. Es en definitiva bueno, pero no potente en sí mismo. Esto le otorga adaptabilidad y rapidez para adecuarse a las circunstancias más diversas. Pero los Capricornio se vuelven filántropos, no se enfadan nunca y saben esperar tiempos mejores cuando algo no va bien. Para ellos son más importantes las amistades que la vida sexual; saben dar a todo un matiz puro, leal y significativo.

Además, están preparados para romper con las tradiciones y buscar nuevas vías, especialmente en el campo científico o musical. Muy altruistas, sus acciones están dictadas siempre por el deseo de no herir a nadie.

Capricornio con Júpiter en Piscis

En Piscis Júpiter está en su casa, tiene la misma posición que ocupa en Sagitario, por eso se puede esperar mucho de ellos. Pero en este caso tiene que compartir el poder con Neptuno que los hace ser soñadores. El camino es por lo tanto el del crecimiento interior. Muchos pueden ser óptimos psicólogos, astrólogos e incluso médiums; en cualquier caso, todos tendrán necesidad de contacto humano y si carecen de él caen fácilmente en crisis existenciales. El dinero no les faltará, pero son un poco malgastadores y les gusta divertirse, vivir cómodamente y ayudar a los demás hasta tal punto que a veces tienen ellos mismos considerables problemas. Son amables y sensibles y quizás un poco *pegajosos* con los que aman.

Si es Capricornio con Saturno en...

Capricornio con Saturno en Aries

En Aries, Saturno pierde gran parte de la paciencia que es su prerrogativa, haciendo que los nativos sean más dinámicos y capaces de superar con energía las pruebas de la vida. Cuando se ponen a trabajar para alcanzar una nueva meta, se comportan como si tuvieran carbón ardiendo bajo los pies, y toda esa prisa podría costarles muy cara. Incluso en las conversaciones se meten en la boca del lobo, sin reflexionar y creando a veces barreras que de otra forma se podrían evitar. Generosos, leales, incluso demasiado sinceros, su vida afectiva puede ser muy satisfactoria, aunque las uniones se interrumpen fácilmente. Están eternamente en conflicto entre el instinto y la razón.

Capricornio con Saturno en Tauro

Saturno otorga ponderación, paciencia, reserva y perseverancia, todas ellas actitudes que también tiene el Capricornio. Dominados por el elemento Tierra, los nacidos con esta combinación tienen a veces una escasa flexibilidad mental, pero se crean una buena y sólida carrera gracias al ahínco y a la constancia con la que trabajan.

Rechazan los riesgos, son cautos en los negocios y captan cualquier posibilidad que les permita mejorar la posición social. Dan mucha importancia al dinero que les asegura bienestar e independencia. Son lentos en las decisiones, no les gustan las prisas, al contrario, las personas rápidas y ansiosas los ponen nerviosos. Necesitan una pareja igualmente reflexiva y ponderada de forma que entre los dos puedan sentirse mutuamente protegidos y apoyados.

Capricornio con Saturno en Géminis

En esta posición, Saturno es realmente un amigo y hace que las cualidades intelectuales sean más profundas y menos dispersas. Los nativos rechazan todo lo viejo, superado, y poseen una formidable rapidez mental para aferrar nuevos conceptos. Para alcanzar sus metas no son siempre sinceros y no consideran como tal una mentira que tenga un objetivo preciso.

Su afabilidad sin embargo les permite realizar muchas amistades, todas más o menos de alto nivel, de las que se derivan muchos apoyos, sobre todo en el campo profesional. Son también bastante parlanchines, pero gracias a Saturno este lado negativo del carácter se ve muy atenuado. La familia es importante para ellos y valoran el apoyo que pueda ofrecerles.

Capricornio con Saturno en Cáncer

Esta combinación no aporta mucha ayuda porque los hace ser tímidos e introvertidos, y los Capricornio ya lo son por la dinámica del signo, de esta forma las tendencias se refuerzan en sentido desfavorable. Muy sensibles, se dejan guiar a menudo por los sentimientos y no por la lógica y esto les puede crear problemas.

Deseosos de tener el apoyo de la familia, están muy unidos por lo menos a uno de sus padres. Además, les falta el empuje que sirve para avanzar en la vida porque se refugian demasiado en el pasado. Una pareja alegre y optimista les ayudaría a apreciar la vida y a tener más confianza en sí mismos. Saturno, al estar opuesto a su signo, aumenta la hipersensibilidad y la susceptibilidad; finalmente, tiene que encontrar la fusión entre las diferentes dinámicas: Capricornio-Cáncer, rigidez-sensibilidad.

Capricornio con Saturno en Leo

Saturno en Leo les da una intuición infalible de cómo subir la escalera hacia el éxito, algo que es muy importante para los nativos con esta combinación. Son ambiciosos y se esfuerzan al máximo para obtener un lugar destacado. Si evitan ser demasiado arribistas se crearán menos enemigos y estarán mejor. Tienen un alto concepto de sí mismos, y a veces asumen responsabilidades para las cuales no están capacitados. Escuchando también la prudencia del Capricornio, tendrán mucho éxito, pero siempre más en el trabajo que en el amor, porque en el amor les cuesta mucho ceder, olvidando que no sólo se puede exigir, sino que es necesario también saber dar.

Aprendiendo a sacrificar su egocentrismo, todo resultará más bello y satisfactorio.

Capricornio con Saturno en Virgo

Los que tienen tal combinación están dominados por el elemento Tierra, por ello son reservados, solitarios, pero también atentos observadores de todo lo que sucede a su alrededor. De ello se obtiene una actitud austera y controlada, pero deja traslucir las propias emociones. Extremadamente racionales, disciplinados y ordenados, pueden ejercer todas las profesiones que precisen paciencia y análisis. No comprenden a las personas superficiales, alegres y despreocupadas, a las que incluso consideran poco serias. Cuidan mucho de su persona y se someten de forma periódica a exámenes médicos, temiendo por encima de todo las enfermedades.

Desean una vida calmada y serena, un compañero que tenga todas las dotes que puedan dar una cierta garantía de seriedad.

Capricornio con Saturno en Libra

Saturno en el elemento Aire de Libra, que corresponde a la movilidad mental, otorga una mente aguda, equilibrio en las relaciones humanas y sano razonamiento en la valoración de los pros y los contras de las distintas situaciones. Pero la calma es más aparente que real porque por dentro estos sujetos son muy sensibles e indecisos, sobre todo si los acontecimientos los obligan a realizar una elección. No hay nada más difícil para ellos que tener que escoger; cada elección comporta una renuncia y esto los hace caer en una crisis.

Ejercen una gran influencia sobre las personas y se defraudan con facilidad en el terreno afectivo, porque esperan mucho de los demás. Como son muy comprensivos, tendrán mucha suerte en el amor.

Capricornio con Saturno en Escorpio

Con Saturno en Escorpio los sujetos son tan racionales como intuitivos. Se trata de una óptima fusión: la Tierra de Capricornio absorbe el

Agua de Escorpio con alegría. Por lo tanto, la tarea es precisamente la de unir estas dos tendencias, en caso contrario resultarían ser seres demasiado racionales o demasiado emotivos. Tienen en general una firmeza de carácter que no se debe confundir con la testarudez. El Escorpio sufre también la influencia de Plutón, que lo induce a realizar una constante transformación.

Son perfeccionistas, ambiciosos, versátiles, necesitados de comparaciones y de consensos. No les gustan las cosas fáciles y sólo en la lucha se sienten vivos y satisfechos en sus deseos más íntimos. En esta combinación no faltan las pruebas afectivas y existenciales.

Capricornio con Saturno en Sagitario

Los nacidos en esta combinación tienen altos ideales, una fe inquebrantable y desean tener posiciones de prestigio. Son muy respetuosos de los derechos ajenos y querrían que también los demás los respetaran. Extremadamente independientes, rompen cualquier relación que les limite su libertad de acción. Optimistas, generosos, afrontan todo con seriedad y fuerza de ánimo. Con Saturno en este signo pueden considerarse afortunados porque tendrán satisfacciones y también diversos viajes importantes, particularmente al extranjero, lo que les atrae mucho. Su razón sabe escuchar también al corazón y por lo tanto son buenos jueces y consejeros.

Son casi siempre muy queridos por los familiares, ayudados por los amigos y su vida estará repleta de buenos momentos.

Capricornio con Saturno en Capricornio

Al ser Saturno el planeta dominante de Capricornio y al encontrarse en esta posición astral, su acción se ve potenciada, además de exaltar sus mejores características. Esto los hace sabios, maduros, responsables, prudentes y óptimos trabajadores y también ambiciosos y atraídos por los misterios ocultos, por lo tanto, puede suceder que quien está dotado de esta combinación oscile entre la excesiva ambición y la renuncia a los valores materiales para una ascensión espiritual. Dotados de un destacado sentido del deber, tienen también un fuerte sentido de la renuncia que se hace todavía más fuerte si puede ayudarles a alcanzar las metas prefijadas. Saben superar con realismo y fuerza de ánimo cualquier situación, incluso la más precaria; pierden en cambio toda su fuerza si se ponen enfermos, puesto que las enfermedades les bloquean y esto es lo peor que les puede ocurrir. Pueden construirse una serena vida doméstica.

Capricornio con Saturno en Acuario

El Acuario tiene el mismo planeta dominante que Capricornio, es decir, Saturno, pero que en esta posición apaga los entusiasmos y por ello los que tienen esta configuración son afables y cordiales, pero no se dejan comprometer por emociones que les harían perder su racionalidad. Se trata de personas de éxito y admiradas por muchos en el ámbito del trabajo y se les considera temperamentalmente fríos y poco emotivos en las relaciones humanas. La vida de pareja no es muy afortunada, pero si escogen al compañero ideal, son fieles, conscientes de sus deberes y se vuelven mucho más afectuosos. Una de sus mejores cualidades es su habilidad para encontrar siempre nuevas formas de expresión, aptas para dar una visión más amplia de las cosas. Activos y lúcidos mentalmente, no tienen mucha intuición.

Capricornio con Saturno en Piscis

Estos nativos poseen una capacidad de observación que puede trastornarlos; los que se encuentran cerca se sienten observados y comprendidos hasta en los rincones más escondidos del propio ser. Tienen casi todos unos bonitos ojos, dotados de un magnetismo que atrae lo que quiere; se diría que son capaces de hipnotizar a una cobra. De inteligencia profunda, saben siempre cómo moverse en las distintas situaciones para obtener lo mejor, pero también sin destruir los derechos ajenos. No les gustan los ambientes ruidosos, prefieren la naturaleza, sobre todo el mar con el que están en sintonía y que concilia con las adversidades de la vida. Tienden al aislamiento y a la holgazanería, unas actitudes contra las que deberían luchar. Tienen que abrirse más al mundo y sonreír más.

Su vida está llena de altibajos, de los cuales son responsables.

Cuarta parte

LAS PREVISIONES
PARA CAPRICORNIO

Las vibraciones anuales, mensuales y diarias

Se trata de nueve energías numéricas en rotación que nos servirán como complemento a las previsiones astrológicas. Basadas en el calendario, van actuando sucesivamente sobre los signos, condicionando la forma en que se expresan.

Por el tiempo que permanece un número sobre nuestro signo, debemos esperar que se manifieste tanto en lo externo como en lo interno, aunque luego dependerá de cada uno el tipo de respuesta que dé. Las vibraciones son buenas asesoras. Tenerlas en cuenta nos puede proporcionar amparo y ayuda a resolver situaciones o tiempos astrales negativos.

Cuando nuestros tiempos mejoran, desatenderlas o contradecirlas nos expone a ver asomar sus aspectos negativos, malogrando nuestras posibilidades de éxito. Al estar siempre bajo tres vibraciones, debemos tener en cuenta que las vibraciones mensuales se supeditan a la anual y las diarias a las mensuales. La vibración mensual tiene una incidencia preferente con la casa de nuestro horóscopo vigente dicho mes.

Para pormenorizar más la vibración diaria, podemos ver por dónde va la luna ese día.

Por su relación con el calendario, es importante también tener en cuenta lo siguiente:

— desde octubre, comienzan a asomar indicios de la vibración anual siguiente;
— desde el día 27 de cada mes, se da un espacio de influencias mixtas hasta el mes siguiente;
— a partir de las 22 h ocurre lo mismo, generalmente más en los procesos internos.

Cómo hallar la vibración anual, mensual y diaria para cada signo del zodiaco

TABLA 1

Signo	Vibración anual		Signo	Vibración anual	
	2017	**2018**		**2017**	**2018**
Aries	1	2	Libra	7	8
Tauro	2	3	Escorpio	8	9
Géminis	3	4	Sagitario	9	1
Cáncer	4	5	Capricornio	1	2
Leo	5	6	Acuario	2	3
Virgo	6	7	Piscis	3	4

TABLA 2

Enero	1	Mayo	5	Septiembre	9
Febrero	2	Junio	6	Octubre	1
Marzo	3	Julio	7	Noviembre	2
Abril	4	Agosto	8	Diciembre	3

Para hallar la vibración mensual de cualquiera de los 12 signos se ha de sumar el número de la tabla 1 al número correspondiente al mes que interesa, según la tabla 2.

Ejemplo para Tauro en el mes de mayo del año 2017: 2 (vibración anual 2017) + 5 (mayo) = 7 *vibración mensual.*

Para hallar la vibración diaria para cualquier día del mes, se ha de sumar el número de la vibración mensual con el número del día que se quiera saber. Retomando el ejemplo, para el 22 de mayo: 7 (vibración mensual mayo 2017) + 4 (22: 2 + 2) = 11 (1 + 1) = 2 *vibración diaria.*

Resumiendo: todos los Tauro de cualquier año, el 22 de mayo de 2017 estarán bajo una vibración anual 2, mensual 7 y diaria 2.

Las vibraciones anuales

• **Vibración anual 1:** Dinámica e innovadora, la fuerza del 1 estimulará pero exigiendo a cambio mucho a los nativos de los signos bajo su mensaje; cooperará con una profunda transformación personal, llevada a cabo de forma abrupta o paulatina, pero que conducirá siempre a tomar grandes decisiones. En febrero y noviembre pueden verse finalmente algunos asuntos favorables. Octubre sugiere no descuidar contactos de importancia o que puedan llegar a serlo.

• **Vibración anual 2:** Es el número de la pareja, y puede dar oportunidades a los solitarios o a los que pretendan dar más cabida a otros en su vida. Marzo promete una visión diferente de la emotividad. Enero, febrero, octubre y noviembre serán muy exigentes en el plano familiar. Diciembre será un mes muy activo socialmente.

• **Vibración anual 3:** Traerá exigencias del propio mundo social. Excelente para buscar precedentes y referenciales que ayuden a realizar las labores, en especial las creativas y los estudios. Es una vibración positiva y jovial, pero expone a emprender muchas cosas a la vez y también a altibajos, incluso afectivos. Desde febrero, la vibración se notará más y exigirá adoptar una política acorde. En junio, situaciones cambiantes traen otra tanda de intereses. Hacia el mes de octubre, algo que hasta ahora había interesado dejará de ser interesante.

• **Vibración anual 4:** Con paciencia, se podrá adelantar mucho con esta vibración que estimula el deseo de mejora en el trabajo y su contrapartida material. El 4 es propicio para buscar la felicidad en las cosas pequeñas de la vida. Marzo, abril y diciembre son buenos meses para progresos en asuntos de hogar y de familia; junio favorecerá un buen flujo mental que ayudará a desbloquear situaciones estancas.

• **Vibración anual 5:** Es un año que nos sugerirá desarrollar otras habilidades, otros métodos, tentar nuevas vías de capacitación. Febrero y junio son meses marcados por las relaciones sociales, pero en los que se estará expuesto a sorpresas y alteraciones. Julio y agosto pueden presentar tensiones con lazos establecidos. Agosto puede ser un buen mes para trabajos de verano.

• **Vibración anual 6:** A los nativos del signo que reciba el 6 por un año les convendrá hacer un balance, al inicio del año y cada cierto tiempo, para acondicionarse mejor dentro del tipo de vida que llevan y establecer cuáles son sus aspiraciones y la forma en que las materializan. En los meses de febrero y marzo, por un lado, y noviembre y diciembre, por otro, puede haber un adelanto en la mejora de las condiciones existentes; junio traerá ideas para tomar decisiones internas más afinadas y de más calidad.

• **Vibración anual 7:** Durante el año, muchas circunstancias externas, cuando menos se piensa y de forma curiosa, vendrán para poner a prueba las seguridades y certezas internas. Hay que cuidar las interferencias. La espiritualidad, el autoanálisis, la especialización en algo o el reciclaje pueden poco a poco hacer la vida mejor. Hay posibilidades de que se cumplan anhelos recientes o antiguos. En los meses de enero y febrero puede haber expectación por asuntos relacionados con el hogar y con la familia. El último trimestre abre un periodo más determinante y de conducta más estable.

• **Vibración anual 8:** Es un año que, mediante un sentimiento de exigencia, estimula la ambición y el afán de conseguir metas concretas, para lo que habrá que regular la conducta acentuando tanto la eficiencia como la ética. Muchos procesos internos del pasado año encontrarán ahora un cauce más definido para la acción. Las personas que ejerzan una cierta autoridad resultarán de gran importancia. Los niños, bajo esta vibración, vivirán experiencias de adultos o serán más exigentes o controlados. Entre mayo y junio, las posibilidades de tener que tomar grandes decisiones serán muchas. Septiembre será un mes de tensiones y de preocupaciones por el futuro.

• **Vibración anual 9:** Una vez que hemos entrado ya en el nuevo milenio, la llamada del 9 a la superación y a crearse nuevas aspiraciones es muy importante. Exige repensarlo todo en grandes esquemas para, poco a poco, dejar atrás concepciones que ya no son válidas. Si se produjeran contrariedades, más que nunca deben ser vistas como lecciones. Muchos frutos de estos procesos se verán después. Es probable que se produzcan alejamientos y extravíos o también efectos dominó, tanto positivos como negativos. En el periodo de cuarenta días antes del cumpleaños, la incidencia puede hacerse notar más. Marzo y abril requerirán que se esté atento a varios frentes.

Las vibraciones mensuales

• **Vibración mensual 1:** En este mes, los demás se fijarán más en nosotros que habitualmente, y es posible que nuevas gentes y nuevas ideas se crucen en nuestro camino. También podemos promocionarnos exponiendo lo que tenemos que ofrecer y siendo nosotros quienes vayamos en busca de apoyos y asesoramientos.

En el aspecto negativo, habrá riesgo de intromisiones o exposición a situaciones que obligan a reaccionar rápido o a sacar el genio.

• **Vibración mensual 2:** En este mes, por el contrario, se nos pedirá más y tendremos que cooperar con los intereses de los que nos rodean. Nos conviene demostrar sensibilidad y tacto para no dar lugar a diferencias. Hay posibilidades de que nos sintamos atraídos por alguien en especial o por algo que despierte nuestro interés.

En el plano negativo, puede que no encontremos eco a nuestras aspiraciones o no nos adaptemos al ritmo de las circunstancias.

140

• **Vibración mensual 3:** Tendremos que hacer un espacio a lo social y ameno de la vida. No faltarán ocasiones para demostrar los pareceres, pero procuraremos hacerlo con estilo y con cautela.

En el aspecto negativo, nos previene de la dispersión de energía y de que no confiemos en el azar o en nuestra suerte personal.

• **Vibración mensual 4:** Un tiempo en el que todo lo que no nos sea habitual nos exigirá más esfuerzo y quizás alguna que otra contrariedad. Resultará favorable si necesitamos que requieran de nuestros servicios, o si vamos al encuentro para posibilitarlo, pero algo externo puede sugerirnos que esperemos, que nos demoremos o que volvamos en otro momento para que todo se resuelva favorablemente. Debemos estar abiertos a mejorar y a perfeccionarnos.

• **Vibración mensual 5:** Es un mes más movido, y las circunstancias externas incluyen posibilidades de cambios que algunas veces nos sorprenderán. Nos conviene abrirnos a lo que nos interese o despierte nuestra curiosidad, a promocionarnos, pero un punto de discriminación no nos vendrá mal. A pesar de todo, habrá progresos.

• **Vibración mensual 6:** La familia y el resto de la gente con la que mantenemos lazos de cualquier tipo esperarán más de nosotros, lo que hará que nos sintamos obligados y tengamos que devolver favores o se den las condiciones para que nos los devuelvan a nosotros, por la tendencia del número al equilibrio y a la armonía, que hace que algo concluya a favor y algo en contra. Negativamente, expone a disgustos.

• **Vibración mensual 7:** Nos conviene estar atentos al ambiente, debido a las ocasiones de sacar partido de situaciones o ideas para pensar con calma. Hacia la mitad del mes se puede hacer la luz sobre alguna expectativa, y en cualquier momento algo que nos preocupa puede dar un giro providencial. Negativamente, nos expone a creernos incomprendidos, a magnificar nuestros problemas psíquicos.

• **Vibración mensual 8:** Es el número de la justicia retributiva que preside nuestros actos. Podemos ser nosotros quienes vayamos al encuentro de gente o situaciones que nos ayuden en nuestros planes o a conseguir finalmente algo; si estamos seguros, lo haremos de forma correcta y tendremos en cuenta las contrapartidas. Negativamente expone a momentos tensos o a que haya algo en que ceder o perder.

• **Vibración mensual 9:** Al ser el último número del ciclo, las acciones pasadas volverán para ser evaluadas de nuevo. Seremos nosotros también quienes por nuestros procesos nos examinemos para buscar la forma de superarnos y ser mejores. Por otra parte, requerirán nuestra atención asuntos y gente distantes y los amigos. No debemos desatender a quien nos llame pidiéndonos ayuda. Será un buen mes para retirarnos de escena y para dar interiormente por concluido algo.

Las vibraciones diarias

• **Vibración diaria 1:** Marca tanto los días en los que nos tomamos tiempo para nosotros mismos como aquellos en los que nos vemos más emprendedores e innovadores en lo que nos toca hacer.
El reposo físico o mental no está asegurado.

• **Vibración diaria 2:** Como es habitual con el 2, siempre estaremos más pendientes de los demás o de nuestro pasado. Nuestra subjetividad es mayor: procuremos analizar y cotejar, no ser nuestros propios enemigos. Se producirán cambios de humor que pueden incidir en el rendimiento.

• **Vibración diaria 3:** No habrá una gran disposición a lo rutinario o a lo que resulta contrariante. Si podemos zafarnos, aunque sea un poco, la vida nos parecerá más llevadera. En caso contrario, podemos sentirnos resentidos o amargados.

• **Vibración diaria 4:** Podemos aprovechar esta práctica vibración para poner un poco de orden interior, para repasar lo pendiente o lo que en los días posteriores necesitamos tener a punto. Si el día es muy pasivo, nos limitaremos a hacer lo que podamos sin ira ni remordimientos.

• **Vibración diaria 5:** Se trata de un día en el que, de una manera o de otra, siempre tendremos algo que aprender. Procuraremos estar localizables por las novedades o cambios que puede traer esta vibración. Normalmente, no es un día que suele resultar tal y como se pensó que fuese.

• **Vibración diaria 6:** Son días en los que procuraremos cooperar para que cooperen con nosotros sin tratar por eso de entrometernos demasiado en la vida de los demás ni permitir que lo hagan en la nuestra. Afectividad y capacidad de transmitir.

• **Vibración diaria 7:** Este número mágico tiene un efecto esclarecedor y terapéutico si nos abrimos a los misterios de nuestra mente. Puede haber sorpresas o curiosas coincidencias, pero resultará peligroso bajar la guardia en los asuntos rutinarios. Inclinación al bajo rendimiento físico.

• **Vibración diaria 8:** Todos los actos son importantes, por pequeños que algunos nos parezcan. De llevarlos a cabo bien, estaremos encaminados a conseguir todo aquello que queremos lograr. En algunos días marcados por esta vibración se pueden producir contrariedades debidas al factor tiempo.

• **Vibración diaria 9:** Situaciones latentes pueden manifestarse, en el lugar y con la persona que menos esperemos. Al ser un número variopinto, puede que la vida nos traiga un poco de todo. Si se da el caso, debemos cuidar cómo reaccionamos bajo una fuerte presión emotiva.

Previsiones para el signo Capricornio en el año 2017

Previsiones generales: telegramas desde Plutón

Saturno, regente del signo, seguirá en Leo durante la primera parte del año en mal ángulo con Neptuno, en la Casa 2, haciéndose más pesado en el mes de marzo. Pero a diferencia del año pasado, un buen ángulo con Júpiter, que seguirá en la Casa 12, favorecerá y ayudará a los Capricornio.

Será un año propicio para la limpieza del karma, para redirigir la vida, para cambiar de camino... Se destapará el lado más natural, más filosófico, más estoico de los Capricornio.

La presencia de Júpiter y Marte incitará al movimiento, a no dejarse arrastrar por los demás; los Capricornio se convertirán en los amos y señores de sus propias vidas.

En enero, febrero y noviembre se producirán determinadas reformas domésticas y en el ambiente laboral; convendrá mantenerse al margen dentro de lo posible.

El buen ángulo seguirá con la entrada de Saturno en Virgo en la Casa 9 del 2 al 11 de septiembre; por la anualidad, influirá más en los nacidos en el primer decanato.

Con el fin de año, Plutón saldrá de Sagitario y entrará en el signo, donde permanecerá durante 12 años. Los Capricornio ya empezarán a notar su influencia en septiembre, sobre todo en lo referente a nuevas ideas y proyectos.

Mercurio, regente de las Casas 6 y 9, pasará dos veces por el signo. Por la anualidad, los nacidos alrededor del 4 de enero tendrán un buen ángulo con Urano, que ayudará a contrarrestar los malos ángulos con Júpiter. Los de los últimos cinco días del signo, en cambio, estarán más expuestos a dichos ángulos negativos.

Pero no todo serán inconvenientes e incomodidades, los buenos momentos también aparecerán a lo largo del año: de finales de abril hasta el 10 de mayo para todo lo relacionado con la economía, tanto personal como familiar; del 20 de agosto al 5 de septiembre para la salud, física y mental; y segunda quincena de diciembre para nuevos proyectos.

La vibración anual: el voltaje de las relaciones

El año 2017 da el 9, por lo que Capricornio, al igual que todos los demás signos, retoma su número natural: el 10, con el correspondiente subdígito 19.

El número 10 indicará la posibilidad de emprender negocios con grandes profesionales o personas importantes.

El 19, en cambio, significará la obligación de tratar con determinadas personas dotadas de un exceso de ego y orgullo, características con las que el signo no se lleva nada bien. Convendrá no dejarse tratar como un vasallo, sino actuar como un señor, y así la situación se invertirá.

Trabajo y economía: algo se cuece a fuego lento

Los Capricornio deberán dejar pasar el invierno para que las cosas se calmen y todo empiece a «funcionar» de nuevo; pero no por ello dejarán de vivir el presente, todo lo contrario: los golpes que recibirán les prepararán para el futuro, ya sea en los negocios o en los estudios.

Júpiter continuará en la Casa 12, aunque hará un guiño a la oposición Saturno-Neptuno en el eje económico; las Casas 2 y 8 seguirán renqueando durante la primera parte del año. Convendrá tener paciencia, los problemas se solucionarán poco a poco a lo largo del año, y la fortuna y la prosperidad florecerán.

Algunos, en cambio, se verán envueltos en nuevos proyectos en los que depositarán todas sus esperanzas; aparecerán nuevas entradas de dinero y la economía mejorará poco a poco. Cuidado con el exceso de confianza, no es buena consejera.

Los eclipses del año en marzo y septiembre en Virgo y Piscis traerán problemas laborales: cambio de horarios, de lugar de trabajo, discusiones con los compañeros...

La lunación del mes de octubre en la Casa 10 caerá muy bien; será un buen momento para tratos verbales y contratos, que cuajarán en un futuro no muy lejano. Pero no caerán del cielo, los Capricornio deberán moverse para conseguirlos.

La larga estancia de Marte en Cáncer en la Casa 7, opuesta al signo, acarreará ciertos inconvenientes desde octubre hasta final de año, sobre todo para los nacidos en el primer decanato.

Vida amorosa: todos tenemos un poco de poeta y de loco

Por la anualidad, los Capricornio de la segunda mitad del signo tendrán a Venus en Acuario. Los del 11 al 13 del mes gozarán de un buen ángulo con Júpiter, que ayudará a solucionar y calmar las tensiones generadas durante el año. Los de los últimos días del signo, en cambio, tendrán a Venus en conjunto con Neptuno, que ocupará un lugar muy importante en todo lo relacionado con el amor ideal, en el que no existen las fronteras.

Venus estará en la Casa 5 desde San José hasta el 12 de abril. Durante los primeros días de abril y el 1 de julio se producirá una situación complicada que provocará determinados problemas con la pareja. Será un momento pasajero, no habrá de lo que preocuparse.

Saturno en la Casa 8 significará para muchos una mezcla de deseo y temor hacia lo erótico. La seducción y el erotismo se convertirán en los ejes centrales de las relaciones de los Capricornio.

Las noches del sábado al domingo serán cruciales para una gran parte de nativos del signo: para unos significarán un momento de relax y descanso con la compañía de un buen libro, la pareja... o el silencio; para otros, un dilema: quiero pero no puedo, puedo pero no debo; unos terceros vivirán momentos de desengaño y frustración, mientras que para otros, un 10 % aproximadamente, se convertirán en un negocio.

La espiritualidad pragmática que tanto caracteriza a los del signo, se acentuará a lo largo de este año. En el mes de agosto, el Sol, Mercurio y Venus alcanzarán a Saturno en el sector 8.

Hogar y familia: crónica roja

Marte y Júpiter en la Casa 12 estarán mal con Urano, en la Casa 3. En general aportarán cambios y problemas dentro del hogar, con la familia política y con los hermanos. Serán pequeñas discusiones, pero que podrían llegar a más si no se solucionan pronto.

Con el inicio de la primavera, momento en que se activa el sector, Marte provocará la aparición de «urgencias», aunque sólo en el ámbito de las mudanzas o reparaciones domésticas.

Será un año en el que los Capricornio podrían sufrir algún que otro robo o accidente (Saturno en la Casa 8 no favorecerá los buenos tratos con los seguros) y participar en muchas discusiones en casa, algunas generadas por los vecinos, con los que no existirá muy buena relación.

La larga estancia de Marte, opuesto al signo desde octubre hasta final de año, impedirá más de un plan y proyecto. Aunque no habrá que tirar la toalla, las buenas oportunidades surgirán en un momento u otro.

A pesar de los muchos baches que sufrirán los Capricornio a lo largo del año, la prosperidad hará su aparición: compras, ventas y mudanzas estarán a la orden del día.

Las Navidades se presentarán movidas, especialmente la Nochebuena.

Durante los primeros días del año es posible que aparezcan oportunidades para viajar a casa de familiares lejanos. Será un buen momento para restablecer antiguas relaciones que estaban un poco olvidadas.

Salud: defensas ante todo tipo de contrariedades

La Casa 12, perteneciente al eje de salud, al igual que la Casa 6, conocerá a Júpiter, que amparará al signo durante todo el año, aunque se hará más evidente en el mes de enero y durante los días previos a la celebración del cumpleaños.

Marte pasará por la Casa 6 desde el 8 de agosto hasta finales de septiembre. El mal ángulo que formará con Júpiter durante la última semana de agosto provocará la aparición de alguna pequeña molestia física, que sanará en pocos días. La salud deberá ser lo prioritario durante estos días.

Durante el último trimestre del año, Marte estará opuesto al signo e influirá especialmente en los Capricornio que sufran las dolencias típicas del signo: problemas de estómago, digestión y los derivados de la alimentación, piel, caídas y resbalones.

La oposición con Saturno durante la primera semana de diciembre generará la necesidad de un descanso y mucha tranquilidad; las fiestas no siempre implicarán un reposo y un respiro en las obligaciones cotidianas.

Los eclipses de Sol y Luna en marzo y septiembre también influirán en el eje de salud de los Capricornio. El primero apaciguará la larga y fastidiosa oposición Saturno-Neptuno; reúma, epidemias, dolencias coronarias, alergias... se harán notar en el día a día. Convendrá no preocuparse, ya que todo se solucionará poco a poco durante las próximas semanas.

Lunaciones y entrada del Sol en los signos en el año 2017 para Capricornio

	Luna nueva		Luna llena	
C. 1			3/1	12 Cáncer
	19/1	28 Capricornio		
C. 2	20/1	Sol en Acuario		
			2/2	13 Leo
	17/2	28 Acuario		
C. 3	19/2	Sol en Piscis		
			4/3	13 Virgo (Eclipse total)
	19/3	28 Piscis (Eclipse total)		
C. 4	21/3	Sol en Aries		
			2/4	12 Libra
	17/4	27 Aries		
C. 5	20/4	Sol en Tauro		
			2/5	11 Escorpio
	16/5	25 Tauro		
C. 6	21/5	Sol en Géminis		
			1/6	10 Sagitario
	15/6	23 Géminis		
C. 7	21/6	Sol en Cáncer		
			30/6	8 Capricornio
	19/7	21 Cáncer		

	Luna nueva		Luna llena	
C. 8	23/7	Sol en Leo	30/7	6 Acuario
	13/8	19 Leo		
C. 9	23/8	Sol en Virgo	28/8	4 Piscis (Eclipse total)
	11/9	18 Virgo (Eclipse parcial)		
C. 10	23/9	Sol en Libra	26/9	3 Aries
	11/10	17 Libra		
C. 11	23/10	Sol en Escorpio	26/10	2 Tauro
	10/11	17 Escorpio		
C. 12	22/11	Sol en Sagitario	24/11	1 Géminis
	9/12	17 Sagitario		
C. 1	22/12	Sol en Capricornio	29/12	1 Cáncer

Previsiones para el signo Capricornio en el año 2018

Tendencias generales: ¡ya tocaba!

Los aspectos de los planetas mayores serán generalmente buenos este año, lo cual indicará un clima general en el que muchos proyectos, aunque lentamente, llegarán a buen término. Será un año muy importante para los Capricornio, ya que a la visita de Júpiter se unirá que los planetas mayores no harán aspectos adversos al signo.

La entrada de Plutón durante los primeros meses del año será un refuerzo importante para los Capricornio, especialmente para los de los primeros días del signo; aunque para todos en mayo y junio.

Júpiter será más puntual durante enero para los del primer decanato, y desde finales de noviembre hasta el 5 de enero del 2019 para los del tercero; el resto del tiempo transitará para los del segundo decanato.

2018 será un año que pondrá los valores particulares de los Capricornio al alza y en el que vivirán cambios radicales e importantes. No se inhibirán por los pequeños detalles ni porque las cosas se cuezan lentamente, todo lo contrario, adquirirán más confianza y valor por ello.

El buen ángulo que hará Saturno desde Virgo será más puntual hasta agosto para los Capricornio del primer decanato, y en noviembre y diciembre para los del segundo. Los del tercer decanato lo tendrán en buenas perspectivas en el 2019, ya que permanecerá en el signo hasta noviembre de ese año.

El planeta transitará la Casa 9 de la evolución personal, lo cual se traducirá en una necesidad imperiosa de iniciar nuevos estudios o tareas, que se alargarán unos dos o tres años. En general, Saturno será más notorio para todos los Capricornio en enero y en los dos últimos meses del año, especialmente los últimos días de diciembre.

El efecto combinado y favorable de Júpiter y Saturno pondrá de relieve, para muchos, algunos cambios significativos, que empezaron a cocerse en el 2010 y que se resolverán a lo largo del 2018.

El buen ángulo que recibirá el Sol de Urano, regente de la economía en la Casa 3, será más puntual para los nacidos entre el 6 y el 11 de enero, que estarán en mejor disposición para afrontar los embates de Neptuno en la casa de la economía personal. Será un buen momento para solicitar un crédito para todo lo referente a los medios de comunicación, transporte, estudios superiores...

Los largos tránsitos de Mercurio a lo largo del 2018 se darán en los signos de Aire: del 8 de enero hasta el 14 de marzo, del 3 de mayo al 10 de julio y de forma más contundente del 29 de agosto al 4 de noviembre en la Casa 10 de la situación. Mercurio pasará por el signo del 1 al 8 de enero y del 12 al 31 de diciembre. Habrá que tener muy en cuenta la disposición de este planeta, ya que dispone de Saturno.

La vibración anual: alcanzados por diferentes aspectos de la Luna

2018 dará un 10, al que se unirá el 10 del signo, lo cual aportará un 20 o un 2 como ondas que vendrán del exterior. De por sí, el 10 del año indicará que nada se producirá por azar, aunque en un principio lo parezca.

En cambio, el 2 mostrará momentos de mucha inspiración y capacidad para transmitir, que aportará a los Capricornio apoyo y ayuda exterior; así pues, podrán contrarrestar la parte negativa del número: rivalidades, disociaciones e intenciones secundarias.

A consecuencia de la influencia de Júpiter y del número 20, muchos Capricornio se verán involucrados en problemas de otros (amigos, familia o compañeros de trabajo). Los nacidos el 24 o 25 de diciembre o el 8 o 9 de enero percibirán más esta incidencia, dado que por anualidad tendrán fuertes contactos con la Luna.

Trabajo y economía: un año muy bueno

Aunque la economía irá bien a lo largo del 2018, habrá que tener en cuenta los eclipses del año, que caerán en el eje de la Casa 2 de la economía personal y de la Casa 8 de las economías compartidas.

El eclipse del 7 de febrero caerá con Neptuno transitando por el sector: los Capricornio deberán anticiparse siempre que puedan a posibles pérdidas de dinero, fraudes… En cambio, con el de agosto tendrán que controlar los gastos extras, incluidos los generados por las vacaciones o posibles cursos de formación.

Los buenos ángulos anuales favorecerán todos los empleos o actividades independientes, las transacciones administrativas y los trabajos o tareas con el extranjero.

La lunación de junio en la Casa 6 del trabajo diario vendrá precedida por unos meses, especialmente enero y febrero, de mucho trabajo, que se verán marcados por el tránsito de Marte por dicha casa.

El largo tránsito de Mercurio por la Casa 6, desde mayo hasta la segunda semana de julio, favorecerá la introducción de novedades en el trabajo y la contratación de personal más preparado.

Durante todo el mes de julio y hasta el 19 de agosto, el buen ángulo de Marte en la Casa 9 será un buen augurio para todos aquellos Capricornio que se dediquen a tareas intelectuales, turismo, salud, transporte, comunicaciones, restauración e inmuebles; es decir, que será un buen momento laboral para un gran número de Capricornio. El buen ángulo con Saturno a principios de mes y con Júpiter a finales provocarán un estupendo final de temporada con grandes logros profesionales. Además, se producirá una notable mejoría en los asuntos relacionados con los bancos.

La lunación de septiembre será especial, ya que muchos Capricornio verán cómo se abren nuevas y mejores oportunidades. Se producirán muchas ocasiones para cerrar contratos a corto y largo plazo.

La vida social de los Capricornio será muy intensa a lo largo del mes de octubre; además, a mediados de este se producirá una mejora considerable de las condiciones laborales.

A mediados de diciembre, convendrá no arriesgarse en exceso en todo lo referente a la justicia: litigios, divorcios…

A finales de año, muchos Capricornio tendrán la oportunidad de dar buenas noticias, algunas relacionadas con hechos futuros, a personas de su entorno. La etapa de Júpiter en el signo tocará así a su fin. Después de un año tan positivo, los Capricornio tendrán la autoestima por las nubes.

Vida amorosa: mejor disposición

La fuerte incidencia del signo a lo largo de todo el 2018 generará que todos los valores de los Capricornio, incluidos los afectivos y amorosos, se vean positivamente influenciados. Los nacidos en los últimos días del mes de diciembre tendrán a Venus, regente de la Casa 5, en

Escorpio en la Casa 11, lo cual podrá sugerir una búsqueda social y amorosa muy intensa. El resto de Capricornio lo tendrán en Sagitario en la Casa 12.

Los nacidos entre el 7 y 12 de enero, ambos incluidos, lo tendrán en mal ángulo con Saturno y Urano; deberán trabajar concienzudamente los sentimientos si quieren ser correspondidos.

A finales de marzo podrá producirse una «transformación» en los sentimientos de alguien muy cercano; el cambio será positivo para los Capricornio si previamente han demostrado su interés.

En el mes de mayo se iniciará la lunación en el sector 5, y con la presencia de Venus hasta el día 24 comenzará un ciclo en el que los Capricornio se sentirán muy seguros.

La presencia de Venus, junto con Mercurio y Marte, del 1 al 23 de septiembre en la Casa 10, ayudará a que el regreso de las vacaciones se viva con romanticismo. Los Capricornio que estén o se sientan solos vivirán una segunda oportunidad; mejor no desaprovecharla.

El paso de Venus por Capricornio se producirá del 12 de noviembre al 7 de diciembre; aunque el amor aportará una de cal y otra de arena, la decisión final, sea cual sea, será beneficiosa. Pero cuidado con las intromisiones de terceras personas.

Los Capricornio más tocados por Plutón no podrán desvincularse de su incidencia, especialmente los que pertenezcan a la generación que tiene al planeta en Libra, que se verán involucrados en toda una serie de cambios relacionados con la pareja y la convivencia.

Hogar y familia: obligaciones

La Casa 4 no recibirá aspectos mayores y sólo será visitada por el Sol durante la primavera. A raíz de ello, desde marzo hasta el 9 de mayo, el regente del sector andará por Cáncer en la Casa 7 y hará malos ángulos con Mercurio y Marte; convendrá estar muy atento a todos los asuntos domésticos y a la economía familiar; además, la presencia de Saturno en Virgo generará una serie de gastos relacionados con reparaciones en general. Pero no todo el año será negativo, 2018 será bueno para los traspasos patrimoniales, compras de inmuebles como inversión, venta o alquiler de pisos y locales…

Los Capricornio más tocados por el buen ángulo de Urano, regente de la economía en la Casa 3, se verán favorecidos en los asuntos de la comunidad de vecinos. La familia política también tendrá un papel destacado. Agosto será un buen momento para reuniones familiares y para limar las asperezas que hayan podido surgir a lo largo del año.

Salud: soluciones para todo

El eje de la salud, Casas 6 y 12, estará activado por el tránsito de los planetas rápidos, especialmente durante junio y diciembre, como cada año. Pero por la anualidad, Marte estará en la Casa 6 y Júpiter regirá la 12. La contrariedad marciana la percibirán más los Capricornio nacidos los últimos días del signo.

Probablemente surjan muchas oportunidades para «solucionar» los males típicos del signo: huesos, estados carenciales, dolores crónicos provocados por el crecimiento o una mala postura...

El buen ángulo de Urano a lo largo de todo el año ayudará a mantener bajo control los problemas típicos de la Casa 12: hígado, cadera, ciática, dolores en los pies...

A raíz de la estancia de Saturno en Virgo, signo que rige la salud, los Capricornio vivirán un año en el que se cuidarán especialmente: buena alimentación, ejercicio diario... A pesar de ello, algunos no acabarán de sentirse del todo bien, especialmente durante los meses de otoño; algunos males serán provocados por el estrés y los nervios.

Del 4 de marzo al 9 de mayo, los malos aspectos de Marte con Júpiter afectarán a la estabilidad general de los Capricornio, que se sentirán especialmente vulnerables y delicados.

Lunaciones y entrada del Sol en los signos en el año 2018 para Capricornio

	Luna nueva		Luna llena	
C. 1			24/12	1 Cáncer
	8/1	17 Capricornio		
C. 2	20/1	Sol en Acuario		
			22/1	1 Leo
	7/2	17 Acuario (Eclipse parcial)		
C. 3	19/2	Sol en Piscis		
			21/2	1 Virgo (Eclipse total)
	7/3	17 Piscis (Eclipse total)		

	Luna nueva		Luna llena	
C. 4	20/3	Sol en Aries	21/3	1 Libra
	6/4	16 Aries		
C. 5	19/4	Sol en Tauro	20/4	0 Escorpio
	5/5	15 Tauro	20/5	29 Escorpio
C. 6	20/5	Sol en Géminis	18/6	27 Sagitario
	3/6	13 Géminis		
C. 7	21/6	Sol en Cáncer	18/7	26 Capricornio
	3/7	11 Cáncer		
C. 8	22/7	Sol en Leo		
	1/8	9 Leo		
		(Eclipse total)	16/8	24 Acuario
				(Eclipse parcial)
C. 9	22/8	Sol en Virgo		
	30/8	7 Virgo	15/9	22 Piscis
C. 10	22/9	Sol en Libra		
	29/9	6 Libra	14/10	21 Aries
C. 11	23/10	Sol en Escorpio		
	28/10	5 Escorpio	13/11	21 Tauro
C. 12	21/11	Sol en Sagitario		
	27/11	5 Sagitario	12/12	21 Géminis
C. 1	21/12	Sol en Capricornio		
	27/12	6 Capricornio		

Pronóstico general
hasta el año 2020

Con el 2001 entramos en un siglo fabuloso. Según vayan transcu-
rriendo los años, tendremos la sensación de estar entrando en la tan
anhelada era de Acuario en muchos aspectos, lo cual no sucederá sin
embargo hasta el próximo siglo (es decir, el siglo XXII). De hecho,
hasta ese momento no podremos dar por concluida la era anterior, una
era de más de 2.000 años, y sin duda la noticia tendrá alcance mundial. Será el corolario de una nueva forma de religiosidad.

No aportamos nada nuevo al decir que los cambios más importantes que se experimentarán en estos años vendrán de la mano de los
medios de comunicación y del transporte. La «sociedad de la información» a la que todo esto da lugar no ha hecho nada más que comen-
zar, y subyacerá a cualquier otro adjetivo. El maxiciclo que toca a los
grandes procesos que ha habido en la civilización, el de Neptuno-
Plutón desde el Renacimiento, tendrá lugar ahora durante miles de
años en Géminis, signo que da la tónica a los otros ciclos planetarios
con que los astrólogos, desde siempre, miran la historia.

La esperanza que siempre hemos albergado de viajar en algún
momento lejos de nuestro planeta azul será ahora casi certera. Los
objetivos con los que se plantearán estas salidas serán diversos, pues,
a pesar de todo esto y de los mitos y paradigmas de unidad y fraternidad mundial de los próximos 2.000 años, el corazón del hombre no
cambiará; sin embargo, sí puede verse exigido a adaptar su manera de
ser y su comportamiento a todo un entorno estelar lleno de enigmas.

El siguiente paso será hacer lo mismo con el vecindario, el entero
planeta. Si repasamos la historia, parece que todo conduce a ello. El
concepto de entorno cambia: no lo dominaremos totalmente, pero es
tentador asumirlo. La síntesis de los medios de comunicación será
pasmosa, y toda la memoria o la actualidad del medio en el que a cada

uno le haya tocado vivir la podrá llevar prácticamente en la muñeca, como antes se llevaba el reloj. Sin embargo, se acentuará también el individualismo, y el hombre se convertirá en un ser solitario, aunque no descuide tampoco su obligada participación en el grupo. Con todo esto, la familia y la pareja podrán evolucionar en dos sentidos opuestos: o se revalorizarán, o todo lo contrario.

Para que la curiosidad de Géminis —que equivale al joven adolescente en el plano estelar— se dé sin trabas para desarrollar el cuerpo mental —que es la etapa que se tendrá que alcanzar en el nivel evolutivo según todas las tradiciones esotéricas— quizá resulte cada vez más necesaria la unidad mundial, independientemente de la diversidad entre países, regiones, etc. Se movilizará mucha energía en el intento de conseguir este fin, y se saltarán las barreras estructurales allí donde estas impidan la consecución del objetivo.

Por tanto, se ve reforzado y acentuado, tanto en el plano personal como en el colectivo, en este largo periodo de tránsito a la nueva era, un atributo de Piscis (signo de la era saliente): el navegar entre dos aguas mezcladas, entre un tipo de mundo que se va, más parroquiano y predecible, y otro que viene, lleno de incertidumbre y expectativas. Neptuno, en este signo desde el año 2011 hasta el 2026, hará aflorar la síntesis de lo positivo y de lo negativo de estos 2.000 años anteriores, produciendo extrañas reacciones que incluyen mesianismos de uno y otro signo, cada cual más extravagante.

Lo fabuloso del siglo no serán tanto las prodigiosas novedades científicas anunciadoras de Acuario (que en este periodo en concreto tocarán el ámbito médico y de la sanidad, debido a los sucesivos tránsitos de Neptuno y anteriormente de Urano en Piscis, del año 2004 al año 2010), ya que estas novedades no serán más que una extensión cuantitativa de los inventos que venían produciéndose desde 1890 (una transformación similar a la del Renacimiento), sino que realmente estará en el nuevo *statu-quo* mundial que se producirá hacia el año 2060, y que probablemente vendrá dado por la transición en los Estados Unidos a un tipo de sistema más acorde con su potencial y su rango, y también por la integración de las Américas, que se irá acelerando hasta alcanzar un carácter formal. Mientras tanto, la Europa atlántica tendrá un papel muy importante en todo el continente, exactamente el que le corresponde de acuerdo a la fase de su desarrollo como civilización.

Estas nuevas reglas de juego permitirán que participe un mayor número de gente en la mutación y en los beneficios de los adelantos; se delinearán mejor las áreas en las cuales las nuevas formulaciones tendrán más efecto y continuidad, ya que es evidente que si algo resalta sin que parezca que tenga arreglo, con el advenimiento de estos progresos a finales del siglo XX, es la desigualdad generalizada.

Existe la posibilidad de que surja o tome una forma más acusada y operativa a nivel mundial una clase social intermedia, de corte parecido a la actual y que se adhiera a los mismos valores a pesar de las diferencias. Pero antes de esto, los problemas serán otros.

Haciendo un cotejo de ciclos planetarios en expansión y de los que se hallan en fase recesiva, se podrá observar que estos primeros veinte años presentarán los ciclos de los planetas mayores en que intervienen Urano, Neptuno y Plutón (de tendencia más civilizatoria) en alza muy notoria, y aunque en algunos momentos atraviesen fases críticas, la humanidad puede ver garantizado en ellos un gran salto cualitativo que, por su magnitud, tiene un precio equivalente.

Son los posteriores contactos con esos planetas transpersonales de Júpiter y Saturno, los planetas más evidentes para la regulación social, económica y política (es decir, los aspectos que tocan el día a día humano), los que harán ir a la baja a la humanidad en el año 2020, con el índice de caída más pronunciado que se haya visto nunca en los siglos XIX y XX, para después remontar.

Este declive comienza ya desde la conjunción de Júpiter con Saturno en el año 2000 en Tauro, cita que renuevan cada veinte años.

Desde el año 2000 hasta el año 2003, Júpiter y Saturno, siguiendo en fase de conjunción en Géminis, comenzarán también ciclos a la baja con Plutón en Sagitario, por un lado indicando que se llega a un clima de mucha tensión en distintos temas (problemas raciales, religiosos, ligados a la inmigración y minorías, terrorismo, sida, catástrofes naturales, petróleo y derivados, así como nuevas leyes de tráfico y transportes) y, por otro lado, y no menos preocupante, señalando los primeros afectados de este ciclo de tanto peso en la historia humana.

Los años 2004 y 2005 serán años de desilusiones colectivas debido a los malos aspectos de los dos planetas con Neptuno en Acuario. Comenzará a notarse, independientemente de cómo le vaya a cada uno o de cómo se lo tome, que algo falla en la nueva andadura, produciendo un efecto dominó con consecuencias difíciles de remontar.

La mayor parte de los síntomas están ya presentes y no siempre se dan justo en este momento, debido a que los ingredientes se suelen ir preparando unos cinco años antes de cada conjunción, para luego afianzarse una vez que esta ha tenido lugar (esto también se produce así en el plano individual).

Este futurible materializable a los cuatro o a los cinco años creará un temor (muchas veces inconsciente), un interrogante en todo lo que se inicie o reestructure en este comienzo del siglo, ya que la seguridad que pudieran dar Júpiter-Saturno en Tauro (tanto en las costumbres como en la forma de encarar la subsistencia o en la política) se ve amenazada por la mala influencia de Urano en Acuario cuando iniciaron el ciclo, indicando que las amenazas pueden venir de cualquier parte.

Por darse en signos fijos, no será fácil cambiar los atavismos, y esto puede llevar a mucha gente, como es de suponer, a asumir talantes fatalistas o a cuestionarse las formas de progreso, actualizándose de esta manera el mito de Saturno castrando a Urano.

Esto preanuncia otro punto crítico pero de más contundencia, que se dará hacia la oposición de Júpiter-Saturno, en el año 2009-2010, en la que se verán envueltos con Urano entrando en Aries y Plutón entrando en Capricornio, donde permanecerá el resto del ciclo, exactamente hasta el año 2023, no sin antes darse también esa oposición con los mismos planetas en los finales de los signos mutables (Virgo-Piscis-Sagitario). Además, la exacta oposición se dará tres veces, lo cual no es en absoluto habitual.

La mayor parte de los horóscopos de países, tratados, etc., se verán afectados. Será más fácil violar compromisos internacionales que formalizarlos o mantenerlos, y la diplomacia podrá hacer poco. Al estar ligados los signos cardinales se prevén grandes convulsiones y estados generalizados de emergencia. Los poderes establecidos en diversos lugares contarán con la competencia de auténticos poderes paralelos, insumisos a los primeros, porque uno de los efectos de la macroeconomía generada desde la mitad de los noventa y reforzada por la conjunción en Tauro (que la erige como valor supremo durante los siguientes cuarenta años, al alterar el mapa productivo, condicionarlo y producir nuevas fronteras tan cambiantes como él) hará que la política de cualquier corte sea mayormente inviable.

Pero también puede alcanzar a fronteras reales entre países, que verán en la confrontación una salida a sus problemas internos, sin que falten a la cita grandes trastornos climáticos o del suelo, el agravamiento de la sequía y el problema del agua y de la contaminación marina.

El último cuarto, el quinquenio que va del año 2015 al 2020, es el más delicado en todos los aspectos, particularmente entre los países de Oriente —excluida China, que seguirá con la revolución más grande de la historia de la humanidad— y los surgidos desde el ciclo descolonizador Urano-Plutón desde 1965.

Como consecuencia de todo esto, se irá abriendo paso un cambio radical en la economía, pero hasta el año 2040, con la otra conjunción de Júpiter-Saturno en Acuario, no llegará el momento en que la situación se empezará a reenderezar y a mejorar un poco, aunque quizá desde un retroceso o deterioro notorios.

Poniéndose en la perspectiva de mediados del siglo XXI, los primeros veinte años quizá se vean como una especie de agujero negro por el que pasó la humanidad, un toque de atención para no repetir nunca más errores cometidos tanto en lo que se refiere a las relaciones humanas como en lo que toca a la economía, los recursos o el equilibrio del planeta.

No es la primera vez que esto sucede, pero sí será la primera vez que suceda a un nivel realmente planetario.